EL BICHO

Biografía de un trauma

EL BICHO

Biografía de un trauma

Matías Alarcón

Lilium
Ediciones

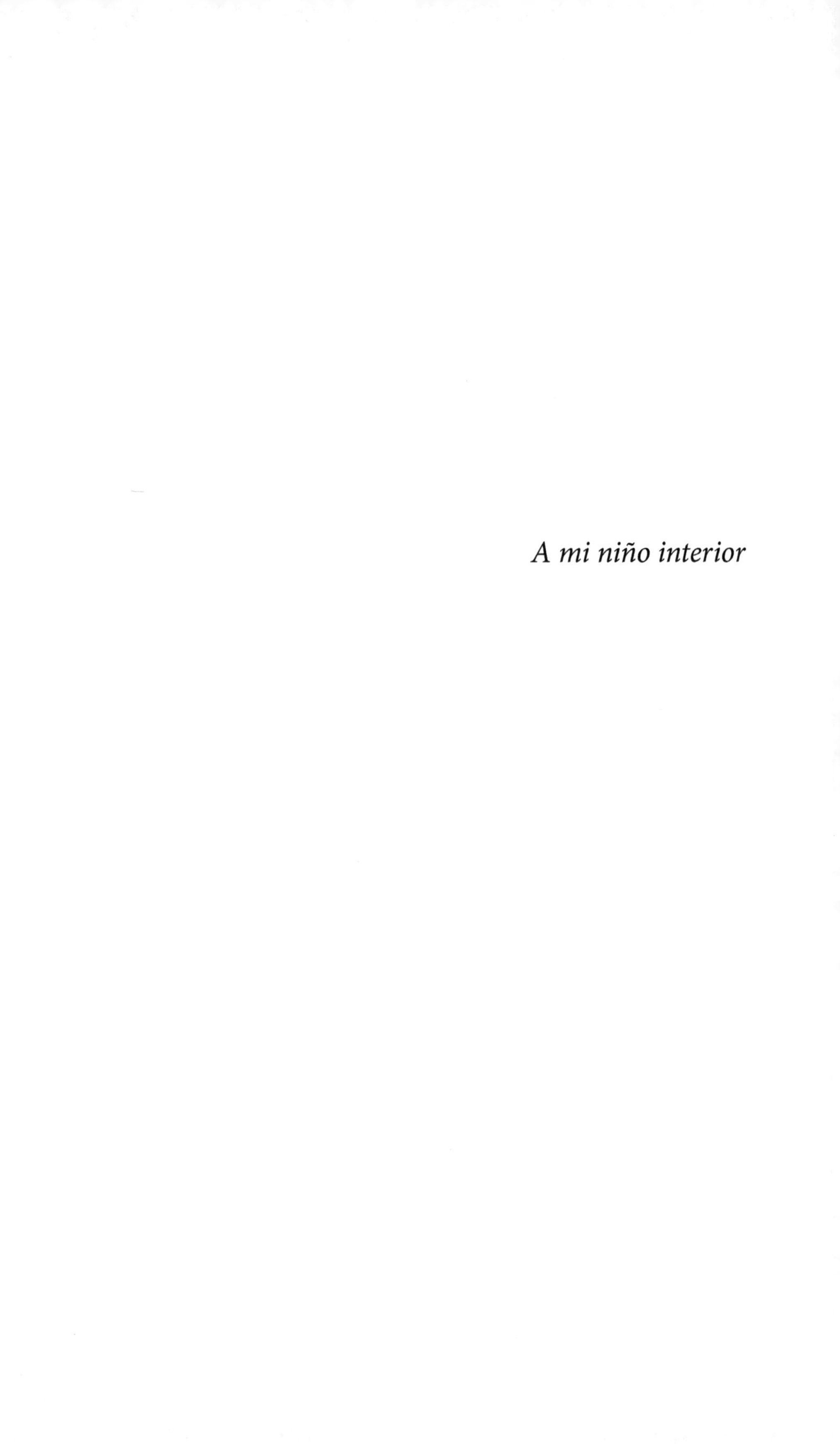

A mi niño interior

Alarcón, Matías

El bicho : biografía de un trauma / Matías Alarcón. - 1a ed. - Olivos : Lilium, 2022.

84 p. ; 23 x 15 cm.

ISBN 978-987-8344-78-2

1. Experiencias Personales. 2. Trauma Emocional. 3. Cuentos Realistas. I. Título.

CDD 808.883

EL BICHO: Biografía de un trauma

© 2022: **Matías Alarcón**

Diseño y Maquetación
Martín Cairns

Ediciones Lilium
Buenos Aires, Argentina

www.edicioneslilium.com.ar

edicioneslilium@gmail.com

Nº ISBN: 978-987-8344-78-2

Índice

Prefacio

En el año 2020 el planeta se paralizó bajo la amenaza de una pandemia. Quedé, como gran parte del mundo, recluido en mi hogar. Reorganicé mi vida torpemente en el confort de mi casa, pero pronto la rutina se me hizo monótona. Y ahí, en esa atmósfera de incertidumbre, es donde me encontré con alguien que no veía hacía mucho tiempo, un ser desconocido que había pasado desapercibido toda mi vida: yo. No sabía muy bien qué hacer con él. Pero me pedía que lo mire y le diera la atención que no le había dado en todos estos años.

Comencé un taller de escritura narrativa en donde pude expresar algunos conceptos de mi imaginario escribiendo sobre ficción y fantasía, y después de vomitar esa pulsión —por lo visto, escondida en mi interior— me encontré con la temida hoja en blanco. Solté, a modo de ejercicio, un recuerdo de mi infancia que siempre contaba y sigo contando en reuniones familiares y sociales. Nunca había escrito en primera persona, menos sobre mi historia, y me gustó. Había algo de desfachatez en la manera en que caían las palabras sobre el papel que me fascinó, así que seguí tirando del hilo y se transformó en un viaje de autoconocimiento. Sin forzarlo demasiado, la columna vertebral del libro fue un trauma oculto al que le adjudico todas las decisiones de mi vida, y en el decantar del relato, mientras mis caretas sociales autoimpuestas caían, me descubría a mí mismo. Me estaba mirando en profundidad por primera vez en mi vida, y eso me fue sanando, a mí y a mi familia.

Espero sinceramente que aquellas personas que lean este libro les resuene en algún rincón de su interior, ya que la historia que voy a contar es la mía, pero estoy seguro de que se verán reflejados en la manifestación conductual del subconsciente. Todos tenemos el niño herido en mayor o menor medida, y espero, de todo corazón, que estas líneas los animen a hacer una introspección como ejercicio de sanación y autodescubrimiento, ya que, en definitiva, la esencia de la madurez humana es la búsqueda de uno mismo.

> Conócete a ti mismo y conocerás el universo.
> (Frase inscrita en el templo de Apolo en Delfos)

La crucifixión

El inicio de este recuerdo comienza conmigo sentado en un aula, abriendo y cerrando las piernas con mi mano apretando el prepucio de mi pequeño pene. Estoy en primer grado. Colegio de monjas. Uniforme. Pantalón gris. No me acuerdo mucho de primer grado. No me acuerdo mucho de muchas cosas de mi infancia. No sé si es normal. Puede ser que el olvido de esa etapa haya sido un mecanismo de mi mente debido a la humillación que sentí aquel fatídico día al que yo llamo *la crucifixión*.

De chico me hacía pis en la cama, eso es muy común; lo que puede ser poco común es que me haya hecho pis hasta los nueve años. Hasta los seis, digamos, está "permitido". Me hacía pis en la cama, pero solo en la cama, no en la vida "real". O sea, no cuando estaba despierto. Ese día había faltado la maestra de mi grado. Era común que, cuando esto pasaba, se repartiera a los alumnos en otros grados. A mí me tocó un grado mucho más grande que el mío, cuarto o quinto, no me acuerdo, pero me sentaron al lado de un chico que me duplicaba en altura. Y ahí comienza mi recuerdo: me encuentro abriendo y cerrando las piernas, apretando mi prepucio con unas ganas irrefrenables de hacer pis. Estoy sufriendo, no puedo hablar, no puedo decirle a la maestra que tengo que ir al baño, no la conozco, no conozco a nadie. Me sentaron ahí sin decirme nada y yo no puedo hablar. ¿Por qué no puedo hablar? Porque se ve que un niño de seis años ya puede estar traumado y lastimado emocionalmente desde antes. El pis me quema. Mis piernas no paran de moverse. Miro a la maestra. La miro fijo. ¡¿No se da cuenta de que me estoy meando?! El sonido ambiente desaparece. Solo se escucha un zumbido que proviene del tubo de luz que brilla cada vez más. No tengo presente cuántos minutos duró esa situación, pero los sufrí como si fueran interminables, hasta que me desinflé en un mar de orina entre mis pantalones.

No recuerdo la cara que puse, pero seguro no era de alivio; esa situación había superado con creces mi termómetro de vergüenza.

Luego, veo que el chico que está a mi lado me mira y corre a hablarle al oído a la maestra. Ahí mis recuerdos hacen interferencia. Muy hábilmente mi cerebro suprimió la siguiente escena, pero todos nos la podemos imaginar: mi salida caminando como un pato con los pantalones chorreando orina y los niños riéndose. Paso de escena a un baño en donde una monja me está cambiando el pantalón. Hasta ahí podríamos decir que mi cerebro tuvo la astucia de eliminar esa imagen humillante que podía traumatizarme aun más de lo que estaba. Pero se ve que el muy pelotudo tiene sus propios algoritmos y dejó en mi mente la gran humillación final marcada con fuego. No le gustan los finales perezosos se ve, necesitaba una imagen fuerte, tan fuerte que después de cuarenta años todavía la recuerdo como si hubiera sido ayer: estoy formado en el medio del patio con toda la escuela, no solo con mi grado, no solo con el grado al que fui a mearme, no, estoy formado con todos los grados y maestros del Colegio Padre Vicente Grossi de la calle Puán 4066, Caseros, Buenos Aires. Calculemos juntos: eran dos divisiones con veinte alumnos en cada grado, multiplicadas por siete, más los maestros, sumaban aproximadamente trescientas personas formadas mirando a la bandera bajar del mástil, y yo, junto a todos mis traumas anteriores, sosteniendo entre mis manos una bolsa transparente con mis pantalones meados. Frenemos un poco acá. Era transparente, ¿entienden? ¿Qué tan perverso podés ser como para darle a un niño una bolsa transparente con su pantalón meado y así se entere todo el mundo? ¿Me vas a decir que no había otra puta bolsa en la escuela? ¿O al ser un colegio católico se tomaron muy en serio eso de que cada uno tiene que llevar su propia cruz? Bueno, lo lograron. Estaba ahí con mi cruz hecha bolsa y, para colmo, en un vértice, ahí, justo en la punta, en la esquinita de la bolsa, ya se había escurrido una importante cantidad del pis. Un líquido amarillento derramado como evidencia de aquella *crucifixión*. El tema es que no resucité a los tres días, me tomaría un poco más de tiempo: años, y ahí estaba yo con seis y un nuevo trauma entre mis manos.

El inicio de este recuerdo es el inicio de todos mis recuerdos. Podría decirse entonces que así comenzó mi vida: meado y humillado.

El Bicho

Me despierto. No sé dónde estoy. Está todo oscuro. Siento una leve brisa en mi nuca. Estoy descalzo. Intento recordar quién soy, dónde me quedé dormido ayer, cuál fue el último lugar en donde estuve. Siento las rodillas mojadas. Se escurre un líquido hacia mis pies. Me toco con los dedos. Me los llevo a la boca. Sangre. Mi instinto me dice que grite, pero no sé dónde estoy ni quién soy. Me quedo callado. Levanto las manos tanteando el espacio a mi alrededor: aire. Intento caminar y siento mis pies pegajosos. Escucho pasos. Mi corazón late fuerte. Mi respiración se entrecorta. Estoy paralizado. Mis ojos comienzan a acostumbrarse a la oscuridad. Veo paredes. Estoy encerrado. Mis piernas empiezan a arder. El dolor ya es insoportable. Quiero gritar, pero tengo miedo. Los pasos se acercan. Busco desesperado en mi mente mi identidad. Mi memoria regresa: tengo ocho años. Mi mamá abre la puerta y enciende la luz de mi cuarto. Estoy parado sobre la mesa de vidrio rota. Soy sonámbulo. Me limpia. Me acuesta. Me duermo.

Mi *crucifixión* encaja con la definición de trauma según el diccionario: "Impresión emocional muy intensa causada por algún hecho o acontecimiento negativo que produce en el subconsciente de una persona una huella duradera que no puede o tarda en superar". Ahora, lo que me llevó a no poder siquiera esbozar una mirada de súplica, aunque sea al niño que tenía al lado mío, fue el hecho de que mi subconsciente ya estaba dañado por algún "acontecimiento negativo" mucho tiempo antes de ese día, un hecho tan tremendo que mi cerebro había decidido esconder bajo siete llaves.

La búsqueda de este trauma oculto, de esta piedra emocional, de este impedimento para poder ser —al que desde ahora pasaré a llamarlo *el Bicho*— me llevaría a las teorías más oscuras y hartas cavilaciones sin sentido, y es hasta el día de hoy que no quiere mostrarse. Espero que en el decantar de mi relato pueda distraer al subconsciente, y mi yo actual pueda revelar aunque sea una abstracción, una imagen, un olor, una sensación, y así poder tirar de ellas y sanar. No es que *el Bicho* me haya imposibilitado a vivir mi vida, pero me condicionó a vivirla con limitaciones que yo desconocía, y desde hace unos años siento la necesidad de sacarlo de la caverna húmeda y oscura que es el subconsciente y poder verle la cara.

Quiero ir más atrás en mis recuerdos y no puedo, *la crucifixión* emerge esplendorosa en mi mente encandilando cualquier atisbo de una memoria anterior. Sin embargo, están los relatos de boca en boca, la historia contada. Y antes de *la crucifixión* hay una. Una historia que me contaron mis padres. De niño me cuidaba una persona cuando los adultos trabajaban y mi hermano estaba en la escuela. Esto fue mucho tiempo antes de que yo empiece la escolaridad. Esta persona se llamaba Sunny. Cada vez que alguien me hablaba de esa historia a lo largo de mi vida, en sus ojos se notaba un brillo de amor, amor hacia Sunny o hacia cómo me "devolvía": peinado a lo Gardel. Sunny me cuidaba en su casa que quedaba en el interior de "El Fuerte Apache", el apodo que se ganó el complejo de monoblocs en el barrio Ejército de los Andes, José Ingenieros, Buenos Aires. Cabe aclarar que en esa época no era lo que es hoy en día; después de la dictadura militar la pobreza fue en aumento, así como la delincuencia. Me cuidaba Sunny en "El Fuerte Apache", pero yo no lo recuerdo. Como no me cuesta ni un poco ser imaginativo, más si son escenario de caos, anoto en mi libreta mental: casa de Sunny, posible locación del nacimiento de *El Bicho*.

En cambio, más adelante los recuerdos vienen, con el meo como estandarte, pero vienen. Mi abuela vivía enfrente de esos monoblocs, en una casa austera. De esa casa recuerdo el patio delantero de tierra en donde jugábamos a las bolitas con mi hermano. Recuerdo las puertas, la principal y la puerta que daba a un pasillo que a su vez daba a la carpintería de mi tío abuelo en el fondo, justo detrás del limonero. Recuerdo los sillones grises, el sótano, la televisión en blanco y negro. Recuerdo el mercado de al lado que lo atendía un coreano que una vez corrió a un borracho con la ojota en su mano; en fin, recuerdo. Y en el proceso de recordar se me viene un interrogante. Cuando uno recuerda, ¿quién es el que recuerda? Sí, ya sé, soy yo, pero ¿quién es el "actor" en esa película que reproduce mi mente como recuerdo?, ¿es el yo que soy hoy o el niño que fui? Intento identificarlo, pero se me mezcla en una amalgama de inocencia y madurez. Sea como sea, cada vez que recuerdo esa casa, el "actor" de esa memoria que recorre mi primer hogar de la infancia, que va cuarto por cuarto, rincón por rincón descubriendo imágenes del pasado, se sale del libreto y mira hacia "El Fuerte Apache", e intenta ver si en el recuerdo recuerda la casa de Sunny para desenterrar la memoria del nacimiento de *El Bicho*.

Me hice pis hasta los nueve años. Está impregnado en mi memoria la imagen de mi mamá llevándome al baño a lavarme y metiéndome de nuevo en la cama con sábanas secas y limpias. El paraíso después del infierno. Ese recuerdo viene a mi mente con un manto de sensaciones que solo se puede traducir en amor. Pero eso lo siento hoy, en ese momento no era consciente. En ese momento la sensación era culpa. Muchas veces me despertaba y, si me había meado poco o si el meo estaba bastante seco, me sacaba los calzoncillos, me corría hacia un costado en búsqueda de un rincón "habitable" y seguía durmiendo con el olor embebido en mi nariz. Culpa. Estudios clínicos, homeopatía, globulitos y psicólogo. Algo andaba mal, y la culpa seguía creciendo junto a mi edad. Tenía nueve años, ya no estaba para mearme en la cama, transitaba el cuarto grado; algunas de mis compañeritas contaban que habían menstruado y yo todavía estaba luchando con ese niño que no quería crecer. Ese niño que quería quedarse bajo el ala protectora de su mamá, y para poder hacerlo tenía que mearse como un bebé en su cuna. La pregunta es la siguiente: ¿protegerse de qué? La respuesta: de *El Bicho*. El subconsciente dejó la canilla de orina abierta frenando así cualquier acción evolutiva. Tiró la toalla. Dejó ese problema a merced del destino mientras seguía recolectando los daños colaterales de su incompetencia.

Unos meses antes de cumplir los diez años, justo en la época en la que nos mudamos a una casa más grande en el barrio de Villa Real, las noches húmedas empezaron a espaciarse hasta quedar en el olvido, pero marcadas con fuego en mis recuerdos. Pero no nos adelantemos, hay un niño que sufre en silencio y quiere que lo vea.

El Niño

Me despierto en medio de la noche. Lo despierto a mi hermano. Le hago señas para que no hable. Mis padres duermen. Lo invito a seguirme. Me sigue. Lo llevo a la cocina. Abro la heladera. Cambio el termostato. Mi hermano me mira. Yo lo miro. Me río. Me mira. Lo miro. Me río. Cierro la heladera. Volvemos a dormir.

Tengo seis años y casa nueva. Gracias a un crédito hipotecario, mis padres pudieron comprar un departamento en planta baja de un edificio ubicado a tres cuadras de la casa de mi abuela. Nuestro departamento era el más amplio del edificio. Las reuniones de consorcio se realizaban en mi casa: los adultos en el comedor y los niños en la cocina. Me encuentro ahí con mis vecinitos nuevos. No los conozco. Incomodidad. Agarro el teléfono y marco un número al azar. Comienzo a hablar con alguien. Creo un personaje, dueño de un restaurante. Le describo a la persona del otro lado del teléfono los platos del día, la decoración de mi local, las milanesas especiales que hacía mi chef. Hago participar a mis vecinos. Les adjudico un personaje para que compongan: mozo, cocinero, bachero. Corto. Marco otro número. Ahora somos un local de indumentaria femenina. Juego. Hago jugar. Jugamos. La cocina se transforma en un *match* de improvisación y yo soy el director. Atrás quedó aquel niño traumado e introvertido. Atrás quedó el oscuro fantasma de *el Bicho* que no me dejaba ser. Me siento pleno. Me gusta ser centro y hacer centro a mis pares. Soy yo en mi máxima expresión. El niño de este recuerdo se alzaría sobre el monte Gólgota al pie de la cruz y gritaría: "¡Señorita, me estoy haciendo pis!", y eludiría el pan amargo de *la crucifixión.* ¿Entonces?, algo no cierra. ¿Puede ser que esto haya pasado antes de *la crucifixión*?, ¿un recuerdo que pudo aflorar y romper el piso de mis recuerdos?, ¿un recuerdo de lo que era yo antes de *el Bicho*? Sin embargo, en recuerdos siguientes sigo viendo a este niño extrovertido. Veo a los dos. Luchando. *El Bicho* quiere matar al niño. Lo quiere convertir en un ente inseguro de sí mismo. Esta lucha encarnizada entre *El Bicho* y mi niño interior me acompañaría a lo largo de toda mi vida. Muchas veces gané. Muchas veces perdí. Muchas otras necesité la ayuda del alcohol y estupefacientes para recordarme.

El Bicho me quiere matar.

Termina la reunión de consorcio, suena el teléfono, atiende mi mamá. Nos descubrieron. Mi mamá trabaja en una oficina. Mi papá trabaja de jugar. Es actor. Se conocieron en *Locos de verano*, de Laferrere, en el Teatro Cervantes. La "reprimenda" vino con una sonrisa de orgullo escondida. Venía más por el gasto del teléfono que por otra cosa. Deposito en estos padres artistas la confianza de que no dejarán que *el Bicho* mate al niño que juega y explora. Al niño que soy en realidad. Pero ellos tienen sus propios bichos, y el de mi padre no tardaría en mostrarse.

Los otros

"¿Queres que te enseñe a correr?", me pregunta Marcelo. "¡Sí!", le contesto entusiasmado. Me agarra de la mano y empieza a correr. Pero corre a su ritmo. A la velocidad de un niño cuatro años mayor que yo. Mis piernas se descontrolan en una danza graciosa. Mis pies tocan el suelo cada dos metros. Intento mantener el equilibrio. Marcelo no me mira, corre con la mirada hacia adelante. Tengo miedo de caerme de cara contra el pavimento. Sin embargo, río. Soy feliz.

Facundo es mi hermano mayor y tiene muchos amigos en el barrio. Yo tengo uno solo, mi vecino del primer piso: Gabriel. Recuerdo jugar con él en su casa, en la mía o en la vereda. En esa época estaba de moda coleccionar marquillas de cigarrillos, pero nosotros coleccionábamos mármoles. Íbamos por el barrio buscando alguna casa con jardín delantero y nos robábamos los pedazos de mármoles que hacían de canteros. Pero en esas salidas delictivas, sin que mi amigo se diera cuenta, yo buscaba marquillas tiradas en el suelo para después dárselas a mi hermano. No lo hacía de niño amoroso. Era para que me dejara ir a jugar con él y con sus amigos. Era como pagar una entrada. Me gustaba estar con chicos más grandes. Me trataban bien. Era el hermanito de "Facu". Ahí, entre esos preadolescentes, lograba sentirme un niño otra vez. Un niño que se podía mear, que le podía tener miedo a la oscuridad, un niño que podía ser vulnerable ante las vicisitudes del mundo que lo rodeaba. Ahora; si existía un sentimiento de libertad, era porque en algún lugar había una prisión. Mis padres no me pegaban, no me maltrataban, no me reprimían de ninguna forma. La prisión venía por otro lado. De un bicho, pero no el mío, el de otro. Hoy lo puedo ver, en ese momento no, al menos no tan claro como hoy. Los bichos son inteligentes; mientras menos se muestran, más daño hacen. Lo saben. No se ven, pero se perciben. Detrás de miradas conocidas. En susurros. En sombras. En gritos mudos. Ahora lo veo claro. Le quiero gritar a mi niño que no tenga miedo. Que todo va a pasar. Que los bichos se alimentan entre sí. Que no es su culpa. Que no se deje ganar. Lo quiero abrazar.

Lo quiero proteger. Albert Einstein decía que el tiempo es una ilusión, que el pasado, el presente y el futuro suceden al mismo tiempo. Quizás lo logre.

Mi papá me manda a comprar un Cinzano. Son las diez de la mañana.

La liberación

Tengo cuatro años. Estoy en el comedor. Mi mamá y mi papá debaten sobre mí. Tengo el chupete en la boca. Mamá, amorosa, me explica que lo tengo que dejar. Mi papá no. En un arrebato me lo saca al grito de "esto no va más", y se lo lleva. Lloro. Me robaron una parte de mí. Lloro.

Mamá me cuenta que de chiquito me dormía poniendo su dedo índice sobre mi nariz. Lo mecía de un lado a otro y así yo conciliaba el sueño. El ritual era tan efectivo que lo adoptaron mi papá y mi abuela, y yo lo recuerdo. No recuerdo el acto en sí, sino el olor: tabaco. Todos los que me arropaban fumaban. Lo que me dormía de aquella ceremonia era el olor a cigarrillo en sus dedos. De niño ya tenía dos adicciones: chupete y tabaco. Las adicciones serían un tema recurrente en mi familia. Pero la conciencia de ello se haría esperar. Recién a los nueve años vería a los bichos de los otros en todo su esplendor. No es que hayan nacido en esa época, sino que antes no los recuerdo. Hay una especie de mecanismo de defensa que se generó en mi mente. Un dispositivo de ocultamiento que trabajaba archivando cualquier atisbo de conflictos en mi casa, y así no alimentar a *el Bicho*. Si seguimos la lógica de este mecanismo; al no recordar demasiado sobre esa porción de mi infancia, de seis a nueve años, se podría estimar que fue una infancia llena de problemas.

De esa época tengo muy pocos recuerdos, como ya dije, y son mayormente sobre mí, jugando. Pero hay un recuerdo que me llama la atención y describe la lucha entre *el Bicho* y el mecanismo de ocultamiento. Mi mamá tuvo un accidente: el espejo de una camioneta le dio de lleno en la cara y le destrozó la mandíbula. Terapia intensiva. Recuperación en base a comida con sorbete. De todo ese accidente la única imagen que tengo es la mía en el hospital mirándola desde la puerta con toda la cara vendada. Solo eso. No recuerdo su recuperación, que debió ser extensa. Meses en casa reposando en la cama. No. Solo una fotografía de lejos porque no dejaban entrar a los niños a esa parte del hospital. Mi niño ocultó el dolor de ver su mamá vulnerada, pero *el Bicho* es astuto. Dejar una imagen de un sostén familiar como es una madre en un estado de debilidad absoluta hace que el niño baje sus defensas y se sienta abandonado, inseguro. *El Bicho* crece y se hace más fuerte.

Entonces, de mi niñez me quedan imágenes sueltas, juegos, olores, pequeñas adicciones y una *crucifixión*.

A mis nueve años nos mudamos a una casa más amplia, y recorriendo mentalmente la casa que dejo atrás me doy cuenta de algo perturbador: recuerdo habitación por habitación, las alfombras, la pared de granito, las baldosas gigantes, las cortinas, la cocina, la heladera, pero no recuerdo el baño. ¿Cómo puede ser? ¿Cómo puedo recordar con el más mínimo detalle toda la casa, pero no tengo ni siquiera una imagen borrosa de mi baño? Es imposible, ¿qué pasó? Anoto en mi libreta mental: baño del departamento, segunda posible locación del nacimiento de *el Bicho*. Agudizando un poco, recuerdo vagamente que tenía problemas de estreñimiento. En esa época se usaban supositorios. Eso es algo que un niño reprimiría. Es una posibilidad. O por lo menos una probabilidad que me planteo hoy en día. La verdad está escondida en mi subconsciente custodiada celosamente por *el Bicho*.

Nos mudamos a una casa que se dividía en dos. Adelante vivía yo con mis padres y mi hermano; atrás vivía mi abuela y mi tío abuelo. Ahí, en esa casa nueva, los problemas familiares comenzaron a ser más visibles. El alcoholismo de mi padre, las ausencias de mi madre y los problemas de mi hermano. Fue justo en esa época cuando dejé de hacerme pis en la cama.

Hoy veo una inteligencia detrás de estos sucesos, al parecer, inconexos. No sé si tiene alguna base científica, pero me gusta traducirla de esta manera: el solo acto de hacer consciente lo alojado en el subconsciente me liberó y dejé de hacerme pis. Tomé control de mi psiquis. Tomé control de mi incontinencia urinaria. Le gané una batalla a *el Bicho*. Entonces, ¿hay una manera de matarlo? Puede ser, el tema es que *el Bicho* nació en mis primeros años de vida, esos que son tan importantes para la construcción de una identidad, y el mecanismo de defensa se hizo un patrón en mí: la amnesia selectiva. Borrarme recuerdos que no me hicieran feliz, de dolor. *El Bicho* logró que yo, por mis propios medios, me ocultase la realidad. Ese patrón quedaría arraigado en mí y más adelante se traduciría en adicción. Pero déjenme disfrutar de esta pequeña victoria por un rato. Tengo nueve años y dejé de hacerme pis en la cama. De acá en adelante me esperan cuatro años de una preadolescencia plena. Y lo más importante: una preadolescencia que recuerdo.

El Jardín del Edén

Salgo de la ducha. Camino por la galería hacia mi habitación. Me visto. Desayuno. Bajo por las escaleras. Voy al garaje. Me subo a mi Corvette plateado. Enciendo el motor. Salgo de mi mansión. Cruzo la ciudad para ver a mi amigo que me espera para salir a realizar picadas clandestinas. Mi casa se encuentra debajo de la cama. La de mi amigo debajo del escritorio. Mi autito es el Corvette. El mejor. Son mis juguetes, así que puedo elegir.

Casa nueva. Una computadora Commodore 64C. Una bicicleta BMX. Nuevos amigos. Soy feliz. Esta nueva etapa de mi vida, a la cual voy a llamar *El Jardín del Edén*, está entre las mejores de toda la saga por su buena siembra de recuerdos. Podría describir cientos de ellos y todos me sacarían una sonrisa con nostalgia. Y es ahí, en esa nostalgia, donde me doy cuenta de algo extraño. Todos los recuerdos nuevos que voy generando son sin mi familia: estoy en la calle rodando hasta los confines del mundo con mi BMX, en mi habitación jugando con la Commodore o en la escuela. Todos lejos de mi familia. Al hacer consciente los problemas y dejar de hacerme pis, tomé el control de mi vida y ahí decidí escapar de los problemas por *motu proprio*. No me podía permitir que después de una infancia sin recuerdos, los nuevos me cagaran la existencia. Necesitaba recuerdos bellos. Necesitaba vivir mi niño.

A la vista de la sociedad éramos una familia "tipo", un matrimonio con dos hijos, con la abuela y el tío abuelo en un mismo terreno. Pero puertas adentro distaba mucho de ese tópico. Mi mamá trabajaba en una oficina todo el día y llegaba a casa a la noche. Mi papá nunca estaba. Mi hermano era más grande y hacía la suya. Mi tío abuelo estaba todo el día en su taller de carpintería. Quedábamos mi abuela y yo.

Llego de la escuela, mi abuela me hace la leche, salgo a callejear con mis amigos, volvemos a jugar con la Commodore, mi abuela hace la cena. Recién ahí veo a mi mamá y a mi hermano, a mi papá a veces. Y así pasan los días. Los recuerdos que estoy creando son tan felices que no quiero ver lo que se está gestando sigilosamente en casa.

Hay un nuevo entramado conductual en mi persona que es una batalla ganada de *el Bicho*. Son las huellas que dejó en mi personalidad su nacimiento, allá en esa infancia que no recuerdo. Hay dos de ellas que están talladas muy profundamente en mi identidad. La primera es que yo tomo la posta de mi vida, pero elijo evadir la realidad. Si hay algo que huele mal, entonces me refugio en mi jardín. La segunda es que me apago cuando conozco a personas o situaciones nuevas. Mi confianza y autoestima se desmoronan. Me vuelvo introvertido. Me vuelvo aquel niño con la bolsa meada entre sus manos. *El Bicho* no quiere que crezca. No quiere que genere recuerdos felices. No quiere que sea. Por suerte, esta segunda huella la logré evadir rápidamente en *El Jardín del Edén*. La testosterona mandaba, así que, si caía al pozo, emergía rápidamente.

Si pudiera catalogar un hito de familia "ejemplar" en esta etapa, serían las vacaciones en Don Torcuato. Un mes encerrado en una casa quinta con mi familia. Mis amigos y los de mis padres venían y se quedaban a dormir. Pileta, ping-pong, fútbol y hasta un golf improvisado. Felicidad absoluta. Pero me voy a poner en negativo, que no me cuesta tanto. Esta quinta de algún modo también era "afuera". Los bichos esperaban en casa.

Convivencia silenciosa

Son las dos de la mañana. Mi hermano y yo nos despertamos. Escuchamos ruidos en la planta baja. Nos asomamos por la escalera. Mi papá habla solo y le da un beso a su mano contra la pared. Nos reímos. Mi mamá nos ve y nos manda a la cama. Mañana hay colegio. "Papá está ensayando", nos dice. Pero ella no ríe. Papá está borracho.

El alcoholismo de mi papá lo recuerdo en pequeñas entregas. Si busco en mi mente, creo haberlo visto muy borracho dos veces nada más. Una fue jugando al truco, cuando quedó con la seña del dos en la boca más tiempo de la cuenta y con mi hermano rompimos a carcajadas. La otra fue cuando "ensayaba" una obra que ya estaba fuera de cartel besando su mano. El hecho de que tenga pocos recuerdos lo adjudico a que no coincidíamos. Como ya dije, no lo veía mucho en casa; él tomaba alcohol mayormente afuera de la casa y llegaba tarde, cuando yo estaba durmiendo. Al otro día, se despertaba y salía cuando yo estaba en la escuela o con mi bicicleta. La convivencia entre *el Bicho* de mi padre y el mío fue silenciosa. El mío se fue alimentando de la atmósfera de mi casa. Una atmósfera con el rótulo de depresión que mi papá lo aplacaba con el alcohol y mi mamá con Trapax. Yo seguía afuera, volando en mi mundo perfecto, pero un día la realidad me bajó a tierra: papá se va a internar. Y en esa noticia, en esa bomba, las cartas por primera vez se me muestran tal cual son. El velo cae. Papá tiene un alcoholismo grave. Lo han encontrado en la calle tirado. Mi hermano ha tenido que ir a buscarlo a bares oscuros. El velo cae y *el Bicho* dentro de mí abre los ojos, hace mucho que esta dormido.

El velo cae

Estamos en la quinta de una compañera de elenco de una obra de mi papá. Hay varios artistas con sus hijos. Pasamos el día en la pileta y comiendo asado. Nos quedamos a dormir. A las siete de la mañana me despierto y bajo al comedor. Los artistas siguen despiertos desde ayer.

Con la internación de mi papá los recuerdos afloraron, esos que mi mente había ocultado. El alcohol había cambiado la cara y la forma de caminar de mi papá, lo había transformado en otra persona y ese nuevo ser pasó a ser mi papá "normal". Ahora que lo veo fresco en la clínica entiendo que viví todos estos años con otro, y las fichas siguen cayendo. Los recuerdos ocultos salen y muestran su cara: mi papá escucha *Imagine* de John Lennon con una copa en la mano a las cinco de la tarde, un auto se sube a la vereda, vidrios de parabrisas caen sobre mi cuerpo, mi tío Emilio se mete en una discusión matrimonial, gritos, portazos, las fichas caen. Como un escultor, descarté lo que no servía de la piedra bruta y me quedé con lo bueno: las obras de teatro, las fiestas de elencos, el viaje a Europa, los camarines, las interminables vacaciones en Mar del Plata cuando papá hizo temporada completa. Me quedé con esas imágenes. Oculté mucho.

Gradualmente, mi papá dejó de trabajar y su alcoholismo comenzó a crecer. Ahí, en una visita en la clínica, y recogiendo los escombros para rearmar la realidad, lo veo claro. Sale de la internación como un hombre entero. ¿Vuelve a casa? No, mi mamá realizó el último acto de amor al internar al padre de sus hijos, pero hasta ahí llegó. Se separan, y aquí doy por terminado *El Jardín del Edén*. Ese jardín que me dio los mejores años de mi niño adolescente. Ese jardín que me dio recuerdos.

El bicho se despereza. Es hora de actuar.

Recuerdos falsos

Papá y mamá se iban a separar, pero quedaron embarazados de vos y lo pospusieron. "¿Vos querés que se separen?", "No".

Dicen que la adolescencia es la fase en donde el niño se transforma en adulto, es ahí, en esa transición torpe, en donde se conjugan la inmadurez y las ansias de ser grande. Es un proceso caótico. Ahora bien, uno llega a ese momento de su vida con la construcción de su personalidad ya formada, esa que se crea desde el nacimiento hasta los siete años. Entonces todo lo que sucede en esa etapa de formación llamada adolescencia ya está condicionado. Hay algo de condena en esto. No sería la misma persona si hubiera nacido en Etiopía, con otros padres, con otra cultura, con plata, sin plata, con enfermedades, sin ellas, etc. Ahora bien, yo llego a esta etapa con un bicho bastante formado y fuerte. En *El Jardín del Edén* había encontrado un recurso para aplacarlo cuando me quería someter. Ese mecanismo era el humor. Ahí encontré un arma para evadir mi identidad malformada por *el Bicho*: me hago el gracioso, ríen, me siento querido. Así es el mecanismo. Así lleno un vacío creado por una infancia sin padres. Sí, sin padres, porque al fin de cuentas uno es su memoria, y esta, hasta ese momento, estaba bloqueada por un bicho prematuro en mis primeros años de vida y con las escapadas de bichos ajenos montado en mi bicicleta en los años siguientes. Entonces emocionalmente en mi memoria estoy sin padres, y eso es lo que cuenta a los fines psicológicos: la percepción, la sensación y los recuerdos archivados en el subconsciente que forman el sentir de uno. Y es ahí cuando aparece un arma nueva de *el Bicho*, un arma muy perturbadora: los recuerdos falsos. Recuerdos que están en mi cabeza, pero no sucedieron ¿O sí? Son tan tangibles como un recuerdo verdadero. No sé cuándo nacieron, no sé si me los imaginé juntando pedazos de informaciones sueltas, no sé si *el Bicho* me los implantó, no sé si los soñé. No sé. Pero están ahí, junto a todos los otros, como si fuesen uno más: mi papá se estaba por separar de mi mamá porque él tenía una relación extramatrimonial, mi mamá queda embarazada de mí, mi papá siente culpa, se queda en el matrimonio, es infeliz, toma alcohol. Más adelante mi mamá me lleva a un bar, me pregunta qué pienso yo sobre la separación de ellos, le digo que no me gustaría, no se separan, mi mamá es infeliz, se deprime. Estos recuerdos falsos están incrustados muy en el inconsciente. Ahí en el fondo donde se forma lo sensorial, donde hacen más daño. El objetivo de estos —porque los recuerdos falsos tienen objetivos oscuros— es la culpa. Me acusaban de la infelicidad de mis padres. No es casual que sean tan puntuales, un recuerdo para cada uno de ellos. Estos dos los tengo presentes hasta el día de hoy, seguro que hay más de la misma especie trabajando desde las sombras, tan en el fondo de mi mente que no logro verlos.

Entonces llego a mi adolescencia con un bicho maduro, una *crucifixión*, un padre alcohólico, una madre con depresión, dos recuerdos falsos y un mecanismo de humor para llenar todo ese vacío. Necesito que me quieran. Pero no a mí. No a este púber de catorce años. Sino a mi niño de seis. Aquel niño que no recuerdo.

Mis padres se separan.

Me echan del colegio.

Mi hermano se droga.

La guerra entre *el Bicho* y mi niño interior comienza. Tengo toda la energía a mi favor de un adolescente que quiere crecer. Será una lucha encarnizada, con muchas bajas, una guerra sangrienta que durará trece años. Se comerá mi adolescencia y parte de mi adultez.

Ausencias presentes

Conducta desordenada, está continuamente jugando. Le cuesta aceptar las indicaciones dadas. Refleja falta de madurez para la edad que tiene –

S. Beguiño . Preceptora –

Le cuesta concentrarse por momentos, por lo tanto interrumpe el normal desarrollo de la clase, de E. Cívica y Act. Prácticas

Nélida F. de Einaudo

Es un elemento negativo en clase. Interrumpe las clases con cantos o intervenciones desubicadas que provocan desorden y distraen a sus compañeros.
No acata indicaciones ni observaciones

Alicia Solé :

Molesta constantemente a sus compañeros. Pasea por el curso "visitando" a sus compañeros. No trabaja

Nilda Lofaro

Alumno capaz pero de conducta inestable (inquieto, conversador) De buen rendimiento pero difícil de manejar. Su situación se agrava porque está en una división de muy mala conducta.

SILVIA PANDO.

A los catorce años me echaron del *Colegio Nacional N.º 19 Luis Pasteur*, estaba cursando el segundo año y la contienda con *el Bicho* todavía no había comenzado, yo venía creando una adolescencia bastante sólida. Tenía nuevas amistades, volvía a mi casa, jugaba con la Commodore y a la pelota con los amigos del barrio. Mi recurso de humor ya me salía naturalmente. Llevaba las riendas de mi vida. Pero el destino me tenía preparado otros planes. Es ahora, cuando miro para atrás, que veo por primera vez el papel que jugó este en mi vida. Porque podemos hablar del destino de haber nacido en tal familia, en tal país, en tal época, etc. Y después, todo ese conjunto de circunstancias, sumado a las decisiones individuales de una personalidad ya formada, marcaría los caminos de mi vida, según su desenvolvimiento. Pero es en este acto de expulsión de la secundaria en donde veo que el destino se ensañó conmigo. Ya no es mi decisión, ni la de mis padres, ni el resultado de una cadena de hechos, es un evento puntual y aislado que por algún motivo tenía que suceder. Era un colegio del Estado bastante progresista, por lo menos daba esa sensación. En esa época, el sistema de disciplina era el siguiente: con una falta, te ponían una observación. Con tres observaciones, te ponían cinco amonestaciones. A las quince amonestaciones te echaban. Ahora bien, yo era un chico inquieto, no lo voy a negar. Me gustaba jugar y hacer reír, pero hubo para conmigo un ensañamiento desmedido en cuanto a las "penas" de mis "faltas", y los profesores me encasillaron de tal manera que el límite entre esas faltas y un simple llamado de atención se les borró completamente. Recuerdo que entraban a clase y lo primero que hacían era pedirme el cuaderno de observaciones para tenerlo en su escritorio por las dudas. A mí solo, a ningún alumno más. El destino movía sus hilos para que yo tuviera esa guerra —por lo visto inevitable— con *el Bicho*.

Llego a las quince amonestaciones. El rector pide un informe a los profesores y llaman a mis padres. En esa reunión, leyendo el informe y escuchando historias sobre cómo su hijo en vez de leer un poema lo rapeó, la indignación de mis padres fue en aumento, y, más que una súplica para que no echen a su hijo, ambos le dieron un sermón sobre la ineptitud como profesionales que tenían los educadores que trabajaban en la institución. Y ahí, en esa oficina llena de archivos con olor a vejestorio, me sentí por primera vez —por lo menos en esa corteza del cerebro que recuerda— apoyado por mis progenitores.

El destino y la vida jugaron de una forma extraña y misteriosa. Buscando hacer reír a mis amigos para que me quieran y así llenar la ausencia de mis padres, terminé sintiendo la protección y el amor de ellos. Presente, tangible, memorable.

El Negro

Tengo ocho años. Me peleo con mi hermano. Mi mamá nos reta a los dos. Me siento en una silla mirando al suelo haciendo "puchero". Mi labio inferior, el artífice de aquel "puchero", sigue un poco más de la cuenta y se enrolla en sí mismo totalmente. En ese estado, y sintiendo de algún modo cómo esa nueva cara me hacía sentir diferente, comienzo a cantar "Sirurituritus, Sirurituritus, Sirurituritus, si, si, si". Así nace mi primer personaje: Sirurituritus.

Es menester decir que en todos estos años conté con un escudo contra toda adversidad: los amigos. Sobre todo, uno en particular, mi amigo Gabriel que vivía en el primer piso de aquel edificio de Ciudadela. A los cinco años el destino nos juntó. Hicimos la primaria juntos, dos años en una escuela privada y cuatro años en una del Estado. Luego ingresamos a la secundaria y estuvimos juntos hasta mi expulsión. En todos esos años, contar con alguien conocido en esas tres etapas de nuevos comienzos, dos primarias y una secundaria, fue de una gran ayuda para mi problema de ansiedad ante situaciones nuevas, fue una gran piedra angular para que yo me desenvolviera sin miedos. Mi cable a tierra frente a *el Bicho*. Después, cada uno se hacía de un subgrupo de amigos, pero volvíamos juntos a casa, a la Commodore, a los autitos, al muñeco articulado que tirábamos al ventilador en funcionamiento para ver cómo caía destartalado en algún rincón de la pieza. En su compañía me siento libre, juego sin corazas, sin máscaras: él viaja al espacio exterior en su nave, llega a un planeta, mira por la escotilla; yo inflo mis cachetes, pongo mi labio superior sobre el inferior y nace Tindatín, mi segundo personaje. Es mi amigo, así que le presto a Tindatín y a Sirurituritus. Los interpretamos juntos. Más adelante se los presentaríamos cada uno a nuestros hijos como anécdota de una amistad de años.

Me expulsan del colegio a mitad de segundo año, mi mamá se desvive buscando uno nuevo que me deje entrar a mitad de curso y lo consigue, el Antonio Devoto, un colegio en formación en frente de la Plaza Arenales que recién abría sus puertas al secundario. Solo había dos cursos, primero y segundo año, y a medida que avanzábamos se iban abriendo los siguientes. No tenía una especialidad definida, no era ni bachillerato, ni comercial, ni nada. Al ser una escuela híbrida, había gente de mi edad y un poco más grande. No era de adultos, pero se daban algunos permisos. Y de repente me encuentro en esa escuela nueva, por primera vez sin mi escudo de amistad, con un grupo de chicos que ya se conocía desde antes. Estoy formando la fila de entrada para saludar a la bandera. Las imágenes de aquel niño crucificado vuelven a mí, esta vez no tenía una bolsa con un pantalón meado entre mis manos, pero los clavos ingresaron en mi carne por las mismas cicatrices que habían dejado aquella *crucifixión*. Mi cara no refleja expresión alguna, pero por dentro estoy gritando de dolor. Este sentimiento lo puedo traducir hoy, cuando recuerdo. En ese momento no era consciente del daño. Mi abuela siempre repetía la frase: "La procesión va por dentro", pero no es hasta el día de hoy que la comprendo en su totalidad. La frase no refiere a lo que uno calla, sino a aquel desgarro sentimental que la mente no puede procesar y lo archiva en el subconsciente, como una marca indeleble que forma y condiciona tu ser. El mejor alimento de *el Bicho*.

Sigo mi vida. Salgo de la nueva escuela y voy corriendo a buscar a mis amigos a mi antiguo colegio. A veces los encuentro, a veces no. Siento frustración. Me siento desorientado. *El Bicho* se hace más fuerte. Estoy solo. Estoy en un limbo. No estoy siendo. Necesito ser. Los nuevos compañeros son diferentes. Algunos más grandes que yo. No tengo mi escudo. Sufro. Salimos de la escuela y me invitan a tomar cerveza. Tomo. Me relajo. Vuelve el mecanismo de humor. Funciona. Nace mi tercer personaje: mi alter ego al que llamaremos *el Negro*.

Este nuevo personaje rompe esa barrera entre mi inseguridad y el mundo. La traspasa con éxito. Volví a ser el adolescente que hacía reír, el que tenía amigos, el que se divertía. Ahora bien, hasta ahí podríamos decir que *el Negro* había cumplido con su propósito y listo, lo guardaría en el cajón de disfraces y a otra cosa, pero *el Bicho* está ahí, metiendo la cola en mi autoestima constantemente. Necesito reafirmarme una y otra vez. La repetición es una patología que me sigue desde *El Jardín del Edén*, allí cuando descubrí un talento que me hacía bien a mí y a los otros. Cuando un personaje, una humorada o algún acto funciona, lo repito hasta el cansancio. Recuerdo vagamente que a Sirurirurítus lo llevé a la primaria, un poco reversionado, y mis amigos me hicieron una huelga de amistad hasta que dejé de hacerlo. Me repito. Me reaseguro. Aunque no haga falta.

Recorro lo que quedaba de segundo y tercer año sacando de vez en cuando a *el Negro* para reafirmarme. Lo saco a escena con el alcohol. Porque creo que lo necesito. Un arma nueva para mitigar el daño que me había hecho *el Bicho*.

En casa siguen pasando cosas: mi mamá se quedó sin trabajo, mi papá vive solo y no lo veo casi nunca, y a mi hermano su bicho lo venció: lo internan por adicción al alcohol y a las drogas, y yo, como un *déjà vu* de aquel *Jardín del Edén*, me sigo escapando, salgo del colegio y me quedo en la plaza hasta la hora de la cena. *El Negro* no solo sirve para derribar barreras, también sirve para evadir. La adolescencia es una búsqueda de identidad, y mi inseguridad formada por *el Bicho* me hizo apropiar de aquella que me hacía sentir seguro de mí mismo, mi *alter ego el Negro*.

En esas tardes en la plaza, conozco amigos nuevos, los amigos con los cuales crecería. Ya llego a ese círculo con mi *alter ego* armado, y *el Negro* comienza a crecer, a encarnarse en mí, a salirme orgánicamente. Ellos fuman marihuana; yo no, pruebo y no me gusta. *El Negro* ya tenía incorporado un método para salir a escena: el alcohol. Se estrena la película *The Doors*, y Val Kilmer en la piel de Jim Morrison nos dice que hay que abrir las puertas de la percepción. *El Negro* compra. Comienzan los fines de semana de ácido lisérgico. Mis amigos comienzan a probar la cocaína; yo me resisto, estoy cómodo con "el método": alcohol = seguridad. Pasan los meses y se arma como una pequeña secta. El mundo de la cocaína choca contra el mundo del alcohol. Me siento solo. Decido probarla. *El Negro* crece de manera exponencial en cuanto a seguridad. Alcohol y cocaína en una sola persona conjugan demasiado bien. Le daba a mi personaje otro tipo de veracidad, incorporo una nueva herramienta a "el método": cocaína + alcohol = seguridad[2].

Me hago adicto, pero no a las drogas, sino a *el Negro*, a mi *alter ego*. Con él me olvido de *el Bicho*, le gano, lo entierro, lo devuelvo a su caverna fría y húmeda. En el método de Stanislavski que se estudia en teatro se hacen cuatro preguntas básicas para comenzar a crear un personaje: ¿De dónde viene? ¿Dónde está? ¿Quién es? y ¿Qué quiere?

¿De dónde viene? De una infancia robada por el Bicho.

¿Dónde está? En plena construcción de identidad: la adolescencia.

¿Quién es? El Negro.

¿Qué quiere? Ser querido.

Me hago adicto a mi *alter ego*, porque, al fin y al cabo, la adicción es eso: instalarse en un lugar en donde la persona logra matar y ocultar a su bicho. La gente que no se hace adicta es porque su bicho no existe o no es demasiado fuerte, o porque su proceso de formación fue sólido. Esas personas pueden tomar alcohol toda su vida, probar la droga y dejarla, ir y venir. La adicción comienza cuando uno se instala en esa dinámica, en ese personaje, y se autoencasilla. Y siempre, siempre, es por culpa de *el Bicho*. Con *el Negro* lograba enterrarlo, pero no estaba siendo realmente yo. La evasión de la realidad de la que tanto se habla en las adicciones no es la evasión a la vida, a los problemas, a los estímulos externos, sino la evasión a uno mismo. Uno se evade de su ser, porque *el Bicho* me hizo creer que esa persona que era yo, aquel niño que se meaba por miedo a preguntar, no servía.

Con *el Negro* lograba sepultar a *el Bicho*, pero era un arma de doble filo. Cuando crecía mi *alter ego*, al otro día *el Bicho* amanecía más fuerte. Entonces necesitaba nuevamente a *el Negro* para aplacarlo, y se armaba un círculo vicioso interminable. Mi adolescencia, esa etapa de construcción de identidad, quedaría atrapada por una guerra entre *el Bicho* y *el Negro*, y mi niño interior, aquel que quería ser, permanecería agazapado en la trinchera buscando los huecos para poder salir. Mi *alter ego* sepultaba a *el Bicho* y este, a su vez, me sepultaba a mí, al que creó a Sirururitus y Tindatín, al que llamaba por teléfono y armaba un *match* de improvisación, al que rapeaba un poema, a mi verdadera esencia.

Custodia fiel

Dicen que en el barrio de Villa Real hay una fábrica abandonada en donde no transcurren las horas. Aquel que se sienta en el peldaño de una de sus puertas queda misteriosamente suspendido en el tiempo. Lo que para su mente son minutos para el resto de los mortales son días. Cuentan que un día el flaco Garnica estuvo una semana sentado en uno de los peldaños de la fábrica en la época de las fiestas, al séptimo día se levantó y fue a su casa con una sidra y un pan dulce para festejar la Navidad. Apenas la mujer lo vio lo sacó a los tiros, ya que sin darse cuenta había pasado Navidad y Año Nuevo sentado en la fábrica. Todos evitan sentarse en ese peldaño, pero debe tener como una especie de imán que, sin darte cuenta, te atrae, dado que, cada día que paso, hay alguien sentado, desde ya hace varios días.

Estoy en tercer año y me llevo tres materias a marzo, una de ellas es Taller de Tecnología. Repito el año, se lo cuento a mi mamá por teléfono. Voy a casa. Hablamos. Sentimos que es injusto repetir por no saber poner unas lamparitas en una maqueta de madera. Es una escuela sin una definición concreta. En el afán de hacerse los progresistas metieron materias como Teatro y Taller de Tecnología. Mi mamá va a hablar con la directora y ahí se da cuenta de que el mundo sigue empeñado en matar niños interiores. Le comenta dos situaciones sobre mi comportamiento: estoy en clase de teatro, me toca hacer de borracho, eructo, me reprenden; o sea, en una clase de teatro me reprenden por crear un personaje. Mi mamá explota de indignación. Después le entrega una prueba de Historia con mis respuestas. Era sobre una de las tantas batallas de la guerra civil de nuestro país entre unitarios y federales. Yo no había estudiado nada y comencé a improvisar, pero sin ningún dato real. Escribí un cuento de dos páginas de una batalla épica. Mi mamá sigue sin entender el pecado mortal que supone para las instituciones la creatividad. Eso se arreglaba con un uno y a otra cosa, no tendría que ser una evidencia guardada bajo llave cual prontuario. Mi mamá trata de calmarse e intenta pelear por la materia de Tecnología que no existía en bachiller ni comercial. Como no se sabía de qué especialidad era la escuela, se podría omitir la degradación de un alumno, pero no hubo arreglo. Repito. El destino otra vez se ensaña conmigo.

Me encuentro en la fila saludando a la bandera, pero esta vez en la fila de tercer año, nuevamente. Mis amigos están en la fila de al lado, en la de cuarto. *La crucifixión* vuelve a mí una y otra vez, y en esta tercera repetición puedo traducir el sentimiento de esta: desamparo.

Durante una semana curso el tercer año por segunda vez. Mi mamá no se había quedado conforme. Se entera de que un conocido cursa la escuela nocturna y sin pensarlo se acerca a la institución y arregla que pase directamente a cuarto año con solo dos materias previas: Historia y Geografía. Tecnología no existía en el programa, así que la obviaron. Comienzo en la nocturna. No hay saludo a la bandera. Me ahorro el pan amargo de una cuarta *crucifixión*. *El Negro* se empodera, encaja perfecto en ese establecimiento.

Tengo diecisiete años y mi niño interior sigue luchando por salir de la trinchera; cuando ve los huecos, sale a la superficie. No importa dónde. Sale porque quiere ser. Sale aún en una prueba de Historia. Le gusta crear. Le gusta jugar. Pero la lucha entre *el Bicho* y *el Negro* sigue en primera plana. Así que el niño encuentra un truco. Escribe historias, cuentos sobre situaciones que le sucede a *el Negro* con las drogas, como la historia de la fábrica en donde no transcurre el tiempo, que es donde se quedaba consumiendo días enteros y sin dormir. Escribe los cuentos, los imprime y se los lee a los amigos de *el Negro*. Son bien aceptados. Mi niño está feliz. Encontró una veta. Una rendija por donde expresarse. Escribe cuentos, crea un juego en donde anota los furcios de los amigos, actúa las anécdotas adornándolas para que sean más efectivas. En plena guerra entre *el Bicho* y mi *alter ego*, el niño está ahí. Lo siento. Lo percibo. Lo extraño. Hoy puedo ver que el desamparo que sentí allí, en mis crucifixiones, en realidad no fue causado por mis padres, sino por el destino y por mí. Me sentía ausente de mí mismo. No me encontraba. No encontraba a mi niño interior. Esa es la gran obra de *el Bicho*: estaba desamparado por mí mismo.

Los recuerdos siempre están bañados de subjetividad. Pero esa subjetividad que se forma puede cambiar con los años, ya sea por la influencia de *el Bicho*, de los recuerdos falsos, o del condimento de sentimientos presentes que uno le pone a un recuerdo pasado. La memoria no es fiable. Un mismo hecho presenciado por dos personas es recordado de diferente manera. La memoria se puede manipular, está comprobado, y siempre es manipulada por uno mismo, y digo esto porque mi mamá estuvo presente a pesar de que lo nieguen mis recuerdos. Estuvo ahí cuando me meaba, cuando me echaron, cuando repetí, estuvo siempre ahí al pie de mi cruz. Mi mamá fue y es la más fiel custodia de mi niño interior. No lo pude ver hasta el día de hoy.

Mi hermano

Me tumbó al piso boca arriba. Inmovilizó mis brazos con los suyos. Sus piernas sobre las mías me lastimaron. Cerré los ojos sacudiendo la cabeza de un lado a otro. Me miró fijo. Yo estaba al borde de las lágrimas. No era la primera vez que sucedía. Grité. Hacía la misma acción una y otra vez sin cansarse. En cada repetición mi respiración se entrecortaba. Mi voz se resquebrajó en un alarido de auxilio que salió de mis entrañas. No le importó. Lo hizo otra vez sin culpa. De su boca salió por enésima vez un hilo de baba pegajosa que llegó a dos centímetros de mi cara y volvió a succionar. Grité. Grité y reí. Él también rio. Me soltó. Esa fue la "tortura" preferida de mi hermano mayor en toda nuestra infancia.

Termino la escuela secundaria. Me anoto en la escuela de cine. Es hora de darle al niño lo que pide. Comienzo con entusiasmo. Exploro en el séptimo arte fotografía, dirección, guion. Experimento mis primeros cortometrajes. Mi niño está feliz. Pero *el Negro* estaba en plena expansión. Había consolidado una vida social activa. Las tardes en el almacén de Manolo tomando cerveza era parte de la rutina diaria. Los fines de semana tomando sustancias en la calle, en una casa o en una fábrica, también. La adolescencia es la etapa en la que uno se presenta al mundo y *el Negro* imperaba en ese ámbito. Él conocía cómo relacionarse ante la hostilidad de los mandatos sociales. El ritmo de vida de *el Negro* y su popularidad terminaron de doblegar al niño y decido abandonar el cine. Desde los diecisiete a los diecinueve años *el Negro* se hizo cada vez más fuerte. Con su modo de vida mataba a *el Bicho*, pero también mataba al sueño del niño, un daño colateral que en plena adolescencia parecía un buen negocio.

En la casa de ciudadela, allí, en plena niñez, yo jugaba con mi hermano. Siempre lo hacía reír con mis ocurrencias y con mis personajes, y, como todo hermano mayor, él sabía cómo torturarme. Me agarraba y jugaba a que me escupía o simplemente me decía: "Caca, pis, pedo", y yo automáticamente me ponía a llorar. Teníamos una relación típica de hermanos. Jugábamos. Nos divertíamos. Éramos cómplices. Mamá nos "pegaba" con un cinturón de plástico y nosotros nos mirábamos muertos de risa por debajo de las sábanas. Cuando crecimos, la diferencia de cuatro años de edad nos separó. Más ahí en la preadolescencia, cuando es más visible esa brecha. Cuando él se internó, yo no sabía mucho acerca de las drogas, recién comenzaba a experimentar con el alcohol. Allá en los inicios de mi *alter ego*. Recuerdo haber pasado la Navidad en el centro de adicciones para acompañarlo junto con mamá y papá. Al igual que lo habíamos hecho años atrás con la internación de mi padre. Sin embargo, en todos estos años nos distanciamos socialmente. Cada uno estaba en la suya. Nos veíamos en casa a la hora de la cena. Nos enterábamos en qué lio se había metido cada uno según el reto de mamá. Mi hermano, unos años después de su internación, volvió a las drogas. Y es ahí, en ese momento, que se encuentra con *el Negro. Se* encuentran y toman alcohol y drogas, juntos. Nos reencontramos con mi hermano allí en las adicciones, pero este reencuentro no es meramente de dos hermanos, es el reencuentro de aquellos dos niños de Ciudadela. Él me ve como su hermanito, y es ahí, en esa mirada, que *el Negro* baja la guardia y le da el paso al niño para salir como en los viejos tiempos, y sale a hacer reír a su hermano. El ambiente y las circunstancias no son las más óptimas. Pero ese día, en la Plaza Arenales, cerveza de por medio, se reencontraron esos dos niños que quedaron atrapados por sus bichos.

Droga, culpa, droga

"Sabes tú, niño, ¿qué quiere el coco?, que tengas miedo (ni mucho ni poco). Duérmete niño, duérmete ya, que viene el coco y te comerá".

En casa la presión por el dinero se hace visible. La plata salía de mamá y ella no trabajaba más en la oficina, pero seguía cobrando comisiones como productora de seguros. Yo ya no podía mantener los vicios de *el Negro,* así que me consigue un trabajo en la oficina que ella dejó: cadete. Cobro mi primer sueldo. *El Negro* tiene su propia plata.

Los sueños del niño quedan bajo la alfombra. *El Negro* me hizo perder la oportunidad de estudiar y de perfeccionar a mi niño. Ahora trabajaba. La responsabilidad que conlleva el entrar al mundo laboral podría haber sido suficiente para aplacar a *el Negro,* un puntapié para asentar cabeza, pero en ese momento yo no conocía otra personalidad que no sea la de mi *alter ego. El Negro* tenía plata y la utilizaba. Mi papá se había mudado a Almagro, se había alejado más. Mis amigos de Devoto fueron dejando de a poco la cocaína, pero *el Negro,* a esa altura, no podía dejar nada. Salía a los bares cerca de casa y se hacía amigos nuevos en un instante. *El Negro* sabia de sociabilidad. El *loop* droga-culpa se acrecentaba. La culpa era inversamente proporcional a la droga que consumía. Un espiral sin fin.

Voy sin dormir a trabajar. Me quedo en la plaza amaneciendo. Y es ahí que lo veo por primera vez. Ya había escuchado que era normal verlo, más aún cuando se consumía cocaína, pero yo nunca lo había visto hasta esa madrugada. Lo vi. Lo veo. Está detrás de un árbol. Es una sombra que me mira. Me espía. Me atormenta. Es *el Bicho.* La medicina occidental diría que es un efecto de alucinación por el consumo de alcaloide tropano cristalino. Pero yo sé que era *el Bicho* viendo su obra maestra. Ya no solo había sepultado al niño, ahora dominaba a *el Negro,* lo tenía atrapado en un bucle de culpa interminable.

Con el nuevo sueldo me compré un celular, no lo necesitaba, lo compró *el Negro* por el solo hecho de sentirse poderoso. Son las cuatro de la mañana. Mientras estoy, literalmente, paralizado mirando a *el Bicho* atrás de un ombú, suena el aparato haciendo que el corazón me estalle de pánico. Es mi mamá.

—¿Dónde estás?

—En la plaza, en un rato voy.

Culpa, droga, llego a las ocho de la mañana, *el Bicho* también me espía en mi habitación, se asoma por la rendija de la puerta. Quiere entrar. Lo veo. Lo siento. Me atormenta. Me duermo a las diez.

Mamá

"Un día domingo: qué chatura, qué mediocridad, qué gris. De pronto en mi interior siento la fuerza, las ganas, la revolución de una adolescente. Pero solo en mi interior. ¡Cuántas cosas sin retorno! Camino, hablo, trabajo, intelectualizo, sonrío, me enojo. Nada de todo esto es verdadero. Mi ser todo es un ser distinto aquí en esta soledad, con este silencio, frente a mí misma. Me despojo y soy yo", Kuky.

Son los años cuarenta en la ciudad de La Paz, Entre Ríos. El señor Verón decide tener una relación extramatrimonial con una adolescente. La niña Mercedes, de quince años, queda embarazada. Junto con su hermano arman un bolso y escapan hacia Buenos Aires. Escapan de los padres y del juicio de todo un pueblo. Llegan al barrio de Ciudadela y nace Emilia, quien más tarde llevaría el apodo de Kuky, mi mamá. A ella la crían esos dos adolescentes: Emilio, mi tío abuelo, y Chicuela, mi abuela. Mi mamá crece sin conocer a su padre, esa falta la va a acompañar toda su vida. Su bicho nace, crece y la atormenta. Hay un fantasma que se refleja en sus ojos constantemente. Pero ella trata de no mostrarlo. Da pelea. Después de quedarse sin trabajo compró ropa hindú para revender. Hacía bingos vecinales con alguna prenda de premio. El emprendimiento no prospera. Hipoteca la casa. Tiene muchas deudas. Se deprime y se tira en la cama. Al otro día se levanta y limpia la casa cantando canciones de Joan Manuel Serrat. Sale con sus amigas toda coqueta. Da pelea. Había algo que la atormentaba más allá de la situación financiera y los avatares del destino. Se estaba buscando. Pasó cincuenta y seis años buscando su identidad. Su bicho se hizo demasiado fuerte. Pero era hora de terminar con él: mi mamá, mi hermano y yo viajamos a La Paz. Mamá va a conocer a su padre y nosotros, a nuestro abuelo, que se encuentra mal de salud, ya sin poder hablar y en silla de ruedas. Mamá le habla. Le habla comó una niña. Le habla como esa niña que nunca pudo hablarle. La situación es de una ternura inconmensurable. Hoy la recuerdo y lloro. Esa imagen tiene una carga sentimental tan fuerte que mi razonamiento no comprendía en ese momento. Conocemos a nuestro abuelo y a toda la familia de mamá. Esa familia que se le negó. Los hermanastros con sus hijos. Voy a tomar algo a un bar de la zona y todos me miran. Saben. Todos en el pueblo saben que Kuky, la hija de Chicuela, fue a conocer a su papá y que nosotros éramos sus nietos. Saben que mamá fue a matar a su bicho.

A partir de acá los acontecimientos se precipitarían de una forma que solo puedo traducir como una inteligencia divina, camino del alma, un Dios en acción o como quieran llamarlo. Mi mamá cierra su historia que la atormentó durante sus cincuenta y seis años de vida: mata a su bicho, llega a Buenos Aires, va a un bingo y gana el pozo acumulado, paga la hipoteca y salda así la deuda que nos hubiera quedado como herencia, le pronostican cáncer de pulmón y a los tres meses fallece. El círculo se cerró completamente dejando todo en su lugar, ordenado, sin error, sin aristas.

Vayamos un poco atrás. La noticia del cáncer nos cayó de sorpresa. No tuvimos el suficiente tiempo para asimilarlo. Hay una creencia de que las enfermedades son de origen emocional. Si esta creencia es real, se podría decir que años de una búsqueda de su propio ser, de su propia identidad, a mi mamá *el Bicho* se le materializó en un cáncer. No tuvimos tiempo. Era la época en la cual *el Negro* y su hermano se drogaban juntos. Mi mamá va a terapia. Nos pide a mi papá, a mi hermano y a mí que vayamos a una sesión especial. El tema: su muerte. No puedo recordar con exactitud lo que pasó. Mi bicho generó otro de los tantos *blackouts* en mi mente o quizás este haya sido yo, pero hay una situación dentro de esa oscuridad que recuerdo muy bien. Una imagen que está tatuada en mi cerebro con fuego. Estamos hablando de cómo vamos a seguir cada uno sin ella. Veo a mi mamá muy preocupada por mi hermano. Mi papá está mudo. No habla. Está serio. Pero veo en sus ojos un alarido desgarrador que más tarde saldría con todo su esplendor en la sala de cremaciones. Mi mamá me mira a los ojos y me dice.

—Yo sé que vos podes.

Esa frase se iría llenando de más sentido a medida que pasarían los años. Y en cada paso logrado. En cada obstáculo sorteado. Mi mamá me dejó esa frase para recordarme desde la eternidad que yo podía. Que yo pude. Que yo puedo.

Ella lo sabía, pero en ese momento yo no. Todavía tenía que aprender.

Estamos en el velorio. Cajón cerrado. Mamá era demasiado coqueta como para uno abierto. El cáncer se la llevó muy rápido. Tuvimos poco tiempo. Estoy llorando desconsoladamente al lado del féretro. Arrodillado. Lloro yo, mi niño y *el Negro*. Lloramos todos. Me duele la garganta. En un momento me voy de mi mente. No veo nada. No sé qué día ni qué año es. No sé quién soy. No sé dónde estoy. No sé si esto es real. Es un limbo de dolor constante. Y ahí, en ese estado de inconsciencia, siento una mano en mi hombro que me aprieta fuerte. Me aprieta tan fuerte que me transmite sus lágrimas de dolor. Es Gabriel, aquel amigo al que le presté a Tindatín y a Siruriruritus, aquel amigo de quien la vida me separó porque mi niño rapeó un poema. *El Negro* tomó otro camino, pero él siempre estuvo, y ahí, en ese cuarto sin aire, está presente. Me aprieta. Me agarra, como queriendo salvarme del abismo que tenía por delante. Volvemos a las once de la mañana después del crematorio. Me quedo en casa solo.

"Yo sé que vos podes".

Voy a poder, pero hoy no, mamá.

Me voy a tomar una cerveza. Tal vez a drogarme.

Hoy es Navidad

Tengo seis años, vivo en Ciudadela, es de noche, estoy en la puerta de mi casa. Mis papás, con caras sonrientes, me llaman para que me acerque a la puerta. Me acerco, miro hacia adentro y debajo del árbol de navidad que estaba posado sobre el hogar de leña hay una bicicleta con un moño en el manubrio, las luces titilantes se reflejan en su cuadro plateado. Es mi primera bicicleta, es mi primer recuerdo de una Navidad.

Las Navidades son fechas especiales, tienen ese don de las fechas cumbres de la humanidad de hacer que recordemos dónde estábamos y qué estábamos haciendo en ese momento, como cuando muere algún personaje icónico, cuando ganamos el mundial, o cuando pasó lo de las Torres Gemelas. Uno sabe dónde y qué estaba haciendo. Con las Navidades pasa lo mismo, no sé si se recuerdan todas, pero las que se recuerdan sabés con qué ánimo estabas, qué estaba pasando por tu vida o cómo iba la pelea con tu bicho. Tengo Navidades felices en mi haber. La Navidad de la bicicleta es una de mis preferidas, también las hermosas Navidades multitudinarias en el patio. Mi tío Emilio ponía dos caballetes, una puerta encima y armaba la mesa para una familia completa. Éramos mis padres, mi hermano, mi abuela, mi tío abuelo, algunas primas de mamá, y después de las doce se sumaban los vecinos en una fiesta interminable. También tengo dos Navidades en el centro de adicciones con mi papá y mi hermano. Tengo varias Navidades en mi memoria y recuerdo en dónde estaba emocionalmente en cada una de ellas.

Después de la muerte de mamá todo fue un abismo: la casa se agrandó, faltaba mamá, faltaba papá, faltaba el tío Emilio. Solo quedamos mi abuela, mi hermano y yo. Mi abuela estaba en un pozo depresivo del cual no saldría nunca más: se le había muerto su hija, esa hija bastarda que protegió junto a su hermano escapando como refugiados de una guerra. Mi hermano y yo seguíamos descendiendo en el oscuro mundo de las adicciones. Mi papá estaba en su casa, lejos.

Son las ocho de la noche de un martes. Recién me despierto de la resaca de ayer.

—¿Qué hay de comer?

—Hoy es Navidad.

Comemos en la mesa ratona unas milanesas frías. Los tres solos. Nos quedó grande la casa y chica la familia. Solo reina el dolor. Aquellas Navidades felices se esfumaron. Las infelices también. Ya no hay Navidades. Hay una ausencia total de estructuras. Somos tres sobrevivientes tratando de vivir con el dolor y con ese bicho que se transformó en un monstruo. La vida sigue en piloto automático. Yo sigo trabajando para las adicciones de *el Negro* que ya ocupaba el noventa por ciento de mi personalidad, y el niño estaba a la merced de este. El triunfo de *el Bicho* ya es total. Me pongo en pareja. Trato de ser normal, pero *el Negro* se escapa a drogarse. Mi hermano se hunde con él. Mi abuela está en un letargo esperando su muerte. Se vive con dolor. Con desconcierto. Sin rumbo. Mi pareja queda embarazada, viene a vivir a casa e intentamos llenar el vacío. Nace Julieta, mi primera hija. Intento centrarme en esa familia. Intento domar a *el Negro*. Intento, pero no puedo. No puedo, mamá. Me frustro. Vuelve el *loop* de culpa. Pero con una hija la culpa es mayor; por ende, el consumo también. Estoy cinco días fuera de casa. Lloro. Mi niño llora. Está por morir. Ya la vida se torna insoportable. Ya no puedo más.

"Yo sé que vos podes".

Llamo a mi papá desde un bar.

—Me quiero internar.

—Vení a casa y hablamos.

Es hora de matar a *el Bicho*.

Papá

Tengo seis años, mi papá me lleva al estudio de grabación de un programa de televisión de niños y adolescentes, veo que las casas que veía por la pantalla son, en realidad, decorados. Lo veo y pienso que los chicos que actúan no sentirán tanta vergüenza, porque es íntimo y de mentira. Viene mi papá y me dice que están buscando chicos nuevos, aunque no sean actores, me pregunta si quiero probar. Digo que no, me da vergüenza.

Hay algo de la profesión de mi papá que es envidiable: mantiene a su niño vivo; es más, le pagan por hacerlo. Mi papá es actor, trabaja de jugar. Juega en su trabajo y jugaba en mi casa. Cuando eramos niños, agarraba un velador, se subía los pantalones hasta la panza, se encorvaba, sacaba su mandíbula hacia afuera y creaba un personaje para entretenernos a mí y a mi hermano. También creaba historias con personajes extravagantes que le pedíamos que nos cuente, como "Pepe cagatinta", que nos divertía con sus andanzas antes de la cena. Mi papá siempre fue un tipo humilde, tanto en su trabajo como en su vida. Cae bien a la gente, a mis amigos, a los suyos, a sus compañeros de trabajo. Recuerdo que iba a la escuela y las maestras y mis compañeros me decían que lo habían visto en la televisión. Salía a la calle y lo paraban para saludarlo. La gente lo idealizaba y yo en algún punto también. Después se despertaba al mediodía y me mandaba a comprar un Cinzano. Así que mi papá se dividió en dos: el idealizado y el real. El de puertas adentro era mi papá con su bicho, y es en esa dualidad que nació un desapego.

Mi papá me invitó a probar suerte en una novela donde buscaban chicos sin experiencia y dije que no, porque me daba vergüenza. Yo era un niño tímido gracias a *el Bicho* que cargaba sobre mis hombros desde la infancia. Recuerdo que, cuando mis padres hablaban con otros adultos, yo no levantaba la cabeza, entonces esos recuerdos me vienen en vista periférica, cabezas hablando arriba de mí. Hay algo de sumisión en esto, y con mi papá en algún punto también sentía ese pudor, porque en mi casa estaba el verdadero, pero yo elegí ver al idealizado, el que era ajeno a mí, y, con la gente ajena, mi niño tímido bajaba la cabeza, y mi papá pasó a ser una cabeza hablando arriba de mí, en la periferia.

Entonces tenía a este padre idealizado que cayó estrepitosamente a la Tierra como un ser humano, más con su internación. Desde ese suceso podría haber venido una conexión con mi padre terrenal, pero se separa de mi mamá y se va de casa. Yo más tarde comienzo mi hundimiento con *el Negro*, entonces no hubo oportunidad de conectar. Eran épocas en donde la tecnología de hoy no existe, solo había teléfono fijo. Las distancias eran reales. En sus dos medidas: física y emocional.

Mi papá tuvo una ventaja para con su bicho: él ya había asentado a su niño y lo había hecho su forma de vida desde muy temprano. A los dieciocho años sale de Rosario para Buenos Aires a probar suerte, ingresa a la Escuela de Teatro de River Plate. Después entra como elenco fijo en la Comedia Nacional Argentina del Teatro Cervantes. Su camino desde ahí no pararía nunca. Cuando su bicho lo venció, se internó; y, cuando salió, su niño estaba ahí esperándolo, firme y armado. Del establecimiento salió mi papá terrenal, pero mi hermano y yo éramos grandes. Perdimos la oportunidad de conformar un lazo más íntimo, más "normal", más como la sociedad decía que tenía que ser. Sabía de sus hijos, de sus luchas con sus bichos, pero en su interior había algo de culpa y la escondió en la distancia.

Llamo a mi papá desde un bar.

—Me quiero internar.

—Vení a casa y hablamos.

Es hora de matar a *el Bicho*. Es hora de encontrarme con papá.

Hay que matar a el Bicho

Estoy desnudo en el baño. Me acabo de mear. Espero a que mamá cambie las sábanas y después venga a limpiarme. Tiemblo de frío. Entra la maestra. Mis compañeros me miran. Me despierto.

Hablo con mi papá, le cuento que quiero internarme, me escucha, sabe de lo que le estoy hablando, sabe de adicciones y de internaciones, vamos a Sedronar (Secretaría de Drogadicción y Narcotráfico), quedo en una especie de lista de espera, seguimos con nuestras vidas. Comienzo a contar mi decisión a mis amigos, a Gabriel, a los de Devoto. Crean una red de comunicación para ayudar a mi pareja y a mi papá. Después de dos semanas, estoy en el bar de siempre y caen mis amigos, se sientan conmigo y me dicen que en dos días me tengo que presentar en el Hospital Mercante de Morón, me quedaría ahí hasta que me asignen el centro en el cual me internaría.

Llega el día, viene conmigo la red de contención, hacemos los trámites de ingreso, saludo a todos y entro por una puerta de dos hojas al fondo del hospital con un bolso en mi mano. Cierran con llave y me quedo solo. Me siento desnudo, me siento desamparado nuevamente, pero esta vez se siente diferente. Ahí, en el patio del ala de adicciones del Hospital Mercante, estoy yo, sin mi *alter ego*, sin etiquetas, estoy yo en estado puro y no me conozco. Se cayeron todas mis máscaras. Pasé veintisiete años tratando de buscar mi identidad detrás de *el Bicho*, pero en la lucha contra él me vestí con armaduras distorsionadas, creé una falsa seguridad. Al entrar al recinto pude escuchar el estruendoso ruido de mi coraza cayendo al piso que retumbó en un eco interminable.

Tengo veintisiete años, pero, cuando se cerró la puerta de doble hoja, el que ingresó fue ese niño de seis con la bolsa transparente y el pantalón meado dentro de ella.

Estructuras

"La adicción es un fenómeno multicausal. Debe tratarse de forma integral evitando centrarse en la sustancia. No nos interesa la sustancia, sino el lugar existencial que la persona le otorga. Quien caiga en consumos problemáticos construye una nueva identidad que asume los costos de no encontrar un bienestar en lucidez".

El hospital era un paso intermedio para una desintoxicación previa a la internación, así que no hay mucho que hacer: solo comer, fumar y dormir. Un día vienen los médicos y me dicen que ya tienen una sede para mí, así que armo el bolso y me llevan a un centro en la localidad de Victoria, Buenos Aires, en donde pasaría ocho meses buscándome.

Nuevo Sentido era un centro de adicciones de adultos de puertas abiertas, uno se podía ir cuando quisiera. Se trataba de una casa antigua reacondicionada para albergar a unas quince personas. Ingreso por primera vez por el patio con mi bolso en la mano, veo a todos los que serían mis compañeros, paso por el medio saludando con la cabeza. El paso por ese pasillo podría traducirse como una nueva *crucifixión*, o como el paso previo a ella, *La Pasión de Cristo*, cuando Jesús cargaba la cruz delante del pueblo, pero no lo siento así. Estoy despojado de personajes, siento miedo, pero es un miedo diferente, no impuesto por ninguna condición previa. Es un miedo distinto porque estoy entrando yo en estado puro, y ese yo no sabe cómo vivir, así que es un miedo a lo desconocido tanto por el lugar como por la vida sin armaduras. Es una presencia despojada de patrones condicionantes a quien llamaré a partir de ahora *el Yo*.

Me hacen una admisión psicológica y psiquiátrica. No me prescriben ansiolíticos. Según los profesionales, no necesito, no tengo ningún tipo de abstinencia corporal. Esto me da un indicio de que mi adicción fue cien por ciento mental, tomaba más por necesidad de mi mente, de buscar la seguridad en *el Negro*, que por que la necesidad de mi cuerpo. Me asignan un "hermano mayor" que me explicaría cómo son los movimientos del lugar. Tendría terapia individual y tres tipos de terapias grupales. Hay un sistema de tres fases terapéuticas en las que se va avanzando según el estado de recuperación de cada interno. Franja uno, dos y tres, y termina en una última fase llamada reinserción social. El paso de franja lo decidía un comité de psicólogos y psiquiatras. Dentro de la casa hay tareas como cocina, limpieza, etc. Comienzo como ayudante de cocina. También hay un sistema de cargos de responsabilidad: se comienza como residente, y después, según tu comportamiento, podrías subir a supervisor, encargado de disciplina, coordinador general y *staff*. A su vez, cada uno es responsable de su compañero y de la armonía de la comunidad. Si alguno veía que alguien estaba haciendo algo mal, se paraba delante y le decía: "Te confronto", y le explicaba qué había hecho mal. Entro a un mundo de estructuras, un mundo de orden, y ese mundo ordenado es la primera enseñanza que recibe *el Yo*. Dicen que para salir de las adicciones el condimento fundamental es querer salir, y yo quería. Es una decisión difícil, sabiendo que hay un mundo ya en funcionamiento y una familia afuera. Pero algo me decía que para poder salir me tenía que entregar al cien por ciento. Así que dejé toda mi vida atrás de la puerta y me entregué a la estructura. El pasado lo vería en la terapia y el presente lo utilizaría para enseñarle a *el Yo* cómo vivir.

Analízame

Tengo ocho años, estoy en el consultorio del licenciado Salusky, me hace dibujar mientras me indaga con preguntas. Sé que estoy ahí porque me sigo haciendo pis en la cama. Termino de dibujar y me pregunta: "¿Qué es?", le digo que es un cohete espacial entrando a un agujero negro. Me dice que él ve un pene ingresando en una vagina. "No, es un cohete espacial entrando a un agujero negro", pienso.

Nunca creí mucho en la psicología, ya sea por la mala experiencia a mis ocho años con el doctor Salusky o porque nunca entendí cómo funcionaba. Ahora me encontraba en un centro de adicciones en donde las veinticuatro horas estaban bañadas de terapia y autoconocimiento. Después de que falleció mi mamá, mi abuela quedó devastada, y encima tenía que sufrir a sus dos nietos descarrilados. Ella se había quedado en la parte de adelante de la casa con mi hermano y yo en la parte de atrás con mi pareja y mi hija. Cuando me interné, sus ojos brillaron de alegría, lo pude ver, aún lo puedo ver.

Tengo terapia individual, no sé cómo funciona, no logro abrirme, me pregunta sobre mi pasado y le cuento la versión distorsionada y escueta: mis padres ausentes y alcoholismo en casa. Daniel, el terapeuta, sabe que es un proceso que cuesta, y más a personas con problemas de adicciones. También sabe que hay tiempo, así que no se apura. Hay una terapia familiar, vienen mi papá, mi abuela y mi hermano. Este último todavía seguía luchando con su bicho, pero en su interior se estaba formando una filosofía de entrega, de rendición. Viene alcoholizado y la terapeuta lo reprende. Mi hermano comienza a pelear con mi abuela, mi papá se queda callado inmutable. La terapeuta me mira y le digo que es la fotografía más fiel de lo que fueron mis últimos meses: problemas en casa, mi papá en otro lado. Ahí entiendo que, hablando de mi presente, de lo que estoy sintiendo, indefectiblemente me lleva a mi pasado. Así que voy a mi terapia con Daniel y comienzo a hablar. Comienzo a hilar sentimientos presentes con hechos pasados. Me escucha, me tira una reflexión y me deja una pregunta abierta para que la piense y la responda en la próxima sesión. Comienzo un juego de análisis y entro gustoso en él. Ya soy encargado de cocina, ahí medito y me autoanalizo mientras cocino para quince personas, hago el inventario, limpio, etc. La cocina pasa a ser mi templo. Tengo la potestad de decir quién puede estar o no en el lugar. De a poco comienzo a apilar los ladrillos de lo que sería una estructura tanto conductual como mental. Me voy sintiendo cómodo. El tratamiento me proporciona herramientas y las utilizo todas. *El Yo* se empieza a armar, *el Negro* a desarmar, y el niño, aquella presencia que nunca muere, comienza a asomarse tímidamente y empieza a jugar con *el Yo*. Porque el niño es la esencia pura del ser, es lo que somos sin condicionamientos. Después uno va creciendo y los padres, la sociedad y la cultura le imponen al niño máscaras, arneses y corazas. Entonces el niño queda atrapado en identidades sociales falsas, pero siempre está ahí, tratando de salir, interactuando con las diversas máscaras, tratando de ser. Y ahora está ahí, con este ser nuevo, *el Yo* que comienza a estructurarse y sale a darle una mano para que comience a jugar con sus compañeros de internación. Es en ese momento de juego cuando me doy cuenta de que en realidad nunca necesité a *el Negro* para "agradar" ni para abrirme paso ante la inseguridad, como creí allá en mi adolescencia. Ahí me di cuenta de que lo que siempre necesité fue darle paso a mi niño interior.

Mi última terapia

Tengo ocho años, estoy con una amiga armando una estructura de banquetas en un pequeño pasillo que se encuentra en mi cuarto, una arriba de la otra, otras de costado, improvisamos. Apagamos la luz, hacemos entrar a nuestros hermanos, los hacemos subir y comenzamos a mover las banquetas. La idea del juego no era que se caigan, sino que sintieran la adrenalina de hacerlo. Para eso nos dimos cuenta de que cuanto más frágil hacíamos la base, más tambaleaba la estructura. Siempre terminábamos lastimados. Lo bautizamos Juegos Peligrosos.

Sigo mi recuperación. Sigo adquiriendo herramientas para formar mi estructura. Veo que hay una computadora en una oficina, pido permiso para usarla y hago planillas, *stock* de medicamentos, *stock* de cocina, turnos médicos, plano de habitaciones, etc. Consigo una agenda y anoto sobre lo que voy a hablar en mi próxima sesión de terapia: desbloqueé un nuevo recuerdo. Salgo de ella con otro interrogante. Vuelvo a mis quehaceres. Entiendo el proceso y me sumerjo en él. Las reglas de la comunidad te dan la estructura con nuevos hábitos y la terapia te hace ir a fondo para descubrir a *el Bicho*. Porque todo trauma empieza ahí en la niñez, ahí es donde se corrompe el ser, ya sea por el entorno familiar o por la concepción mental de una situación que se convierte en *el Bicho*. Y si los cimientos están frágiles, tarde o temprano se derrumban. La crianza de una persona se torna un "juego peligroso". El tratamiento se trata de eso, de encontrar la falla de la edificación para que, al levantar una nueva, no cometas el mismo error.

Sigo mi recuperación. Me ascienden a supervisor. Después de dos meses tengo mi primera visita: mi pareja, mi papá y mi abuela. Me traen ropa, cigarrillos y libros. Comemos, fumamos, les cuento los pormenores de la comunidad: no se puede escuchar a Los Redonditos de Ricota, no se puede tomar café, tampoco mate, pero en ese punto se hace una excepción, porque sin mate no habría comunidad. La comunión que conlleva una ronda de "verdes" es esencial para la interrelación de los internos. Se van. Mi abuela me da otro paquete de cigarrillos de "contrabando". Sigo con mi recuperación.

Hay tres tipos de terapia. La individual, donde uno intenta descubrir a *el Bicho*, una terapia grupal, donde nos enfrentamos con nuestros pares para vernos como espejos y la familiar.

Estoy cara a cara con mi papá, le reclamo, asume sus errores. Entiendo que mi papá cuando salió de su internación se fue a vivir solo y no tuvo la oportunidad de utilizar sus herramientas para crear una nueva estructura familiar, solo se abocó a su trabajo. Entonces entiendo que su desapego no fue por una decisión propia. No tuvo la oportunidad de formar una relación sana conmigo ni con mi hermano. Entiendo por qué muchas veces le tengo que decir cómo manejarse en temas de familia, como cuando le tuve que decir que había que internar a mi hermano por segunda vez. Una vez que logro hacerle ver lo que hace falta, lo hace y está presente hasta el final, pero se lo tengo que mostrar; si no lo ve, no arranca. Entiendo que su desapego en esos años no fue por una cuestión de frialdad, no es que no quiso acercarse a sus hijos, tampoco es que haya tenido un impedimento emocional, la realidad es que no supo cómo, no tuvo oportunidad de interactuar con sus hijos grandes, sanamente.

Sigo con mi recuperación. Hay una junta terapéutica y paso a franja dos. Me dan salidas los fines de semana y me nombran coordinador general. Enseño a los nuevos internos las reglas e impongo nuevas para el orden de la comunidad que son bien aceptadas. Me siento bien. Me siento armado. Me siento estructurado. Asciendo a *staff*. Hay una junta terapéutica, paso a reinserción social con un tratamiento llamado Hospital de Día, que consistía en estar todo el día en la comunidad y a la noche podía irme a dormir a casa. En esa nueva modalidad, durante los mediodías salía a un locutorio donde había computadoras para buscar trabajo y mandaba currículums a todas las búsquedas laborales que encontraba. Consigo. Hablo con la junta y no tienen una estructura para esta nueva etapa, así que hablamos de mi externación. Estamos de acuerdo en que ya tengo estructuras bastante sólidas para afrontar el afuera, solo me faltaría llegar más a fondo en la búsqueda de *el Bicho*, ya que avancé mucho entendiendo mis patrones de comportamiento, los porqués, los cómo, pero no llegué al final, a sacarle la careta y a verlo de frente. Acordamos con los terapeutas en que seguiría el tratamiento psicológico con una terapia individual por mi propia cuenta. Transito mis últimos días en la comunidad y un compañero se escapa por el paredón. Con mis compañeros nos burlamos porque era un tratamiento de puertas abiertas, lo que no entendíamos en ese momento era que no se estaba escapando de la comunidad, sino que se escapaba de su fantasma, de sus miedos, de *el Bicho*.

Antes de mi externación tengo una última terapia grupal, era una terapia de confrontación. Te sentabas cara a cara con un compañero y le decías todo lo que te molestaba de sus actitudes. Estas terapias podían llegar a ser violentas por lo crudo de lo expresado hacia el compañero. Siempre había un operador coordinando y cuidando que no pase a mayores, pero daba bastante soga para que el interno se exprese y para que le salga todo lo que tenía adentro. Esta terapia particular la mayoría de las veces servía más para el que confrontaba que para el confrontado, porque uno sacaba toda la mierda que le generaba la actitud del otro, pero eso era propio, un espejo, una tecla tocada por otro que retumbaba en su propio ser.

Estoy en mi última terapia de confrontación y yo soy el que confronto. El confrontado es el interno que se había escapado y volvió. Comienzo a decirle que estuvo mal, que tenga la valentía de enfrentar sus miedos. Empiezo a levantar la voz, el operador no dice nada, comienzo a gritar. El confrontado se larga a llorar, yo le sigo gritando y mi cuerpo comienza a temblar. La actitud de mi compañero tocó una nota que retumbó en todo mi ser. No me conozco. No puedo parar. Cada palabra crece en intensidad. Termino exhausto y con lágrimas en los ojos yo también. Culmino mi confrontación y lo abrazo. Yo no me estaba escapando, me estaba yendo por las vías normales, pero el miedo que sentía era el mismo que tuvo él, miedo a *el Bicho*, miedo al afuera, porque uno cambia ahí adentro, pero el mundo sigue igual, y ahí en ese mundo que queda intacto *el Bicho* espera. Esa terapia de confrontación fue conmigo mismo, era el que gritaba y el que escuchaba al mismo tiempo. Era el niño gritándole a *el Negro*. Era el niño gritándole a *el Bicho*. Era el niño gritándole a *el Yo*.

Al otro día me despido de mis compañeros y me tomo el tren para ir a mi casa. Estoy contento y triste a la vez. Me siento envalentonado y con miedo. Tengo las emociones mezcladas, pero llevo en la mano un bolso con mis pertenencias y un kit de herramientas para el mantenimiento de la estructura armada en estos ocho meses.

Guerra fría

"Las Máscaras Larvarias, como su propio nombre lo indica, representan larvas de personajes. Formas básicas que delimitan nuestro movimiento y nos obligan a ser precisos en el espacio. Las Máscaras Larvarias son la introducción a la creación de personajes desde lo físico. Trabajando desde afuera hacia adentro. Los descubriremos empleando herramientas como los motores corporales, los ritmos, los tipos de movimiento y las direcciones del juego para llegar, finalmente, a construir un carácter y una psicología".

Estoy afuera. Me reciben con un asado de bienvenida mi familia y mi amigo Gabriel. Es mi primera interacción en un ámbito social después de ocho meses. Me siento raro. No sé cómo moverme. Estoy vacío. No me hallo. No sé quién soy. Todos estos años viví con la máscara de *el Negro* y eso formó una personalidad, porque la seguridad que me proporcionaba el alcohol y las drogas también iban formando la máscara social aun cuando no estaba bajos los efectos de los estupefacientes. Ahí, en la vida diaria, la máscara se va encarnando y va cambiando tu conducta las veinticuatro horas del día. Ahora todo eso desapareció. Estoy desnudo y lo noto con mi amigo Gabriel, ese amigo que conozco desde los cinco años, ese amigo con el que, por más que no nos hayamos visto en mi adolescencia, siempre pudimos arrancar una conversación de la nada y sin sentido, ese amigo con el que nunca necesité convenciones estúpidas para hablar. Ese día en la terraza, lo sentí como un extraño. La reunión sigue, y veo cómo interactúan los otros entre sí. Hablan con seguridad. Se mueven afianzados. El mundo para ellos siguió su rumbo. Este abismo en el que me encuentro me genera miedo. Vuelvo a ser tímido. Vuelvo al estado larvario de mi personalidad. Quiero que se vayan, quiero quedarme solo en casa con mi hija, quiero eso, pero no lo digo. El mundo sigue igual, pero para mí no es el mismo. Me siento incómodo. No sé interactuar socialmente. Voy del trabajo a casa. De repente soy nuevamente ese niño con la bolsa de pis en la mano: tímido, introvertido, con un bicho a cuestas. Esta vez tendría que encontrar otro modo de lidiar con él, otra manera de luchar, pero el mundo no ayuda. El mundo es hostil aún más para un niño de veintisiete años. Me convierto en un ser antisocial. No me gustan las reuniones. Tengo que lidiar con el hecho de que tomen alcohol delante de mí. Los veo en esa ceremonia, tomando, riendo, compartiendo, y en algún punto los envidio, no por el alcohol, sino por la seguridad con la que viven. Me siento incómodo. Hay una sensación de vacío. No está *el Negro*. El niño se escondió. Quedó *el Yo* lidiando con el fantasma de *el Bicho* buscando una nueva personalidad.

Me sigo buscando. Trato de agarrarme de rutinas. Nace Morena, mi segunda hija. Voy trabajando aquí y allá en trabajos temporales. Las fiestas me siguen incomodando, pero me voy adaptando de a poco. Mi abuela sigue triste, solo ilumina sus días cuando ve a sus dos bisnietas y a mí recuperado. Después lidia todo el día con mi hermano, que sigue hundiéndose en el alcohol. Desde la casa de atrás escucho las peleas. Mi hermano me recuerda a *el Negro*, así que trato de evitarlo. Necesito rescatar a mi niño, necesito darle su lugar, pero es un niño que estuvo opacado todos estos años por *el Negro*. Es un niño que estuvo escondido todos estos años por miedo a *el Bicho*. Tiene miedo. *El Yo* quiere hacerlo salir, pero el niño sabe que está a destiempo. El mundo le da miedo. Él también necesita herramientas y *el Yo* se las da: el teatro. Mi niño está feliz, ahí puede jugar sin juicios, sin miradas externas, sin miedo. El teatro El Búho pasa a ser un templo para el niño y los martes a las diecinueve horas, su misa. Vuelvo a un trabajo estable. En mi casa juego con mis hijas. Trato de acomodarme. Armo una estructura como aprendí en la comunidad. En las reuniones sociales me empiezo a liberar, a veces. Estamos aprendiendo con el niño, es un ida y vuelta, pero *el Bicho* sigue ahí. Incomodando, enjuiciando, tratando de que el niño no salga. Es lo más parecido a una guerra fría entre el niño y *el Bicho*, una guerra fría que duraría años.

Mi abuela

"Las personas con depresión tienen más probabilidades de morir que el resto, y aunque las mujeres la sufren en un porcentaje muy superior, el riesgo de muerte es mayor entre los hombres debido a que reciben un peor tratamiento porque acuden en menor medida a un profesional o recurren más a las adicciones".

Es jueves. Mi abuela prende una vela. La apoya adentro de la bacha de la cocina para que, en caso de caerse, no incendie la casa. Reza con un rosario en su mano. Se prepara un mate y se sienta a tomarlo mientras mira por la ventana los movimientos del barrio. Se despierta mi hermano con resaca. Le hace una comida rápida. Se pelean un rato y mi hermano se va. Por la tarde mi abuela me visita para ver a sus bisnietas. Esboza una sonrisa, pero sus ojos están tristes, se van apagando de a poco. Nunca se recuperó de la muerte de mi mamá, de su hija. Cae enferma. No puede caminar bien. Mi hermano está todo el día afuera. Vuelve a la madrugada para dormir o para seguir tomando vino en su habitación. Agarro las herramientas que me traje de la comunidad terapéutica y me organizo: contrato cuidadoras, cobro su jubilación, compro sus medicamentos. Llamo al médico y le diagnostican varias cosas. Con ochenta y tres años y siendo una gran fumadora, eran patologías dentro de los parámetros normales, según el doctor, pero yo sabía que era tristeza. Siete años de tristeza por la ida de su hija, siete años de pelearse y amigarse con su dios, siete años de lidiar sola con mi hermano junto a su bicho cada vez más fuerte. Un día no habló más, cayó en un sueño profundo sin despertarse. Le tomo la mano y le expreso con mis pensamientos que vaya tranquila a encontrarse con su hija, con mamá, que acá yo me iba a ocupar de todo, que vaya en paz. Al otro día fallece.

Le cuento a mi hermano y se va a procesarlo con alcohol. Comienzo a buscar salas velatorias. Mi papá ayuda económicamente. Morir cuesta mucha plata. Avisamos a los allegados y amigos que nos dan sus condolencias. Nos reunimos en casa para ir a despedirla, pero falta mi hermano. Salgo a buscarlo por el barrio y no lo encuentro. Me enojo con él porque no sabe dónde la velamos. Organicé todo yo solo, no va a poder ir a despedir a su abuela. Salimos sin él, vamos con mi papá y mi pareja. Ingresamos a la sala velatoria y ahí estaba, al lado del cajón, sentado contra la pared con la cabeza en alto con un dejo de altanería. Mi hermano, con una actitud casi de venganza, como gritando que pudo encontrar el lugar sin nuestra ayuda. Visiblemente alcoholizado levantó su cabeza triunfante sin decir ninguna palabra y ahí lo vi por primera vez. El cuerpo era el de mi hermano, pero los ojos no eran los de él, era la triste versión de su *alter ego* deformada, pensé, pero había algo más, y ese algo más ya había desplazado a mi hermano.

Despedimos a mi abuela en el cementerio de Chacarita. Mi hermano no fue, desapareció en algún momento de la noche sin que nos diéramos cuenta. Volvemos a casa. Ahora quedamos nosotros en la de atrás y mi hermano solo en la casa de adelante. Mi hermano, o aquella presencia perturbadora, ahora estaba "libre". No tenía a nadie con quien pelear, nadie que lo incomode por llegar a cualquier hora alcoholizado o por no tener trabajo. El reflejo de mi *alter ego* y *el Bicho* estaban ahí, a tres metros de mi puerta cruzando el patio. Mis alarmas sonaron. La incomodidad ingresó en mi cuerpo. Sabía que no sería fácil lo que vendría.

Metamorfosis

"Estudiar teatro mejora considerablemente nuestra calidad de vida además de ayudarnos a estructurar de manera adecuada nuestra comunicación, seguridad y autoconfianza al momento de relacionarnos con nuestro entorno social".

El teatro me sigue ayudando, encuentro en él una manera de expresión, una manera de evadir la opresión causada por *el Bicho*. Ahí logro sentirme libre de mis corazas. En él entro a universos nuevos, a universos en donde no hay ninguna máscara social de mentira, solo la máscara que yo creaba para jugar. Eso me ayudaba a vivir mi vida social y a experimentar el mundo sin adicciones. La fobia social que me había generado el salir desnudo se va acomodando de a poco, ya no me molesta que tomen alcohol delante de mí, de a poco vuelvo a ser yo. Pero en casa está mi hermano con su nueva libertad. Lleva a amigos y se quedan hasta las seis de la mañana gritando y yo me peleo con él. No trabaja, desayuna vino, no paga los impuestos. Tengo a mi propio fantasma viviendo atrás de mí. Pongo en venta la casa, mi hermano está de acuerdo, pero no se preocupa en lo más mínimo, yo me encargo de los trámites, de la venta y de conseguirle una casa a él. Llega el día. Hay que ordenar las cosas en cajas, la ropa en bolsas y vaciar los muebles. Mi hermano no está, así que me hago cargo también de su mudanza. Entro a la casa de atrás, a esa casa donde estuvo viviendo estos últimos dos años, a esa casa que fue de mi abuela, que fue mía y en la que ahora vivía mi hermano. Entré y se me oprimió el pecho. El olor a cigarro mezclado con humedad y alcohol era insoportable, pero lo que vi no lo hubiese podido imaginar ni en los más inverosímiles universos que creaba en las improvisaciones de teatro. El piso estaba lleno de colillas de cigarrillos, de cartones de vino tirado y de comida podrida. La mesa estaba repleta de vasos, de cigarros a medio fumar y de costras de líquidos secos derramados. Las paredes negras y la ropa tirada por toda la habitación. Era una acumulación de basura y desidia que me estremecieron. Ahí no vivía mi hermano. Ahí vivía un monstruo. Mi hermano había desaparecido. Se había entregado a sus más profundos miedos. Se había entregado a sus adicciones. Se había rendido ante la opresión de sus traumas. Mi hermano se había convertido en su bicho.

72

Tres despedidas

"En la psicogenealogía se considera que muchos de los problemas actuales de una persona podrían deberse a conflictos no resueltos por sus antepasados. Pero, además, el solo hecho de tomar consciencia de ellos les permite a las personas liberarse, siendo esto vital para resolverlos. Los estudios realizados dentro del campo de la psicogenealogía parten de la afirmación de que determinados comportamientos inconscientes pueden ser trasmitidos de generación en generación, lo que implica que es posible que el miembro de una familia no pueda autorrealizarse hasta que tome consciencia de la influencia que arrastra y se desvincule de ella. En este sentido, es imprescindible que estudie su árbol genealógico y aprenda a interpretarlo para que logre identificar duelos o problemas no resueltos a través de él, así como patrones de comportamiento o espacios vacíos correspondientes a una importante información por recabar".

Me separo de mi hermano y me voy a vivir a una casa nueva con mi pareja y mis hijas buscando la paz que necesitaba para comenzar de una vez por todas a vivir *el Yo*. Termino la formación de teatro y comienzo a experimentar en obras independientes. A mi hermano lo veo solo en los cumpleaños y en las Navidades. Siempre alcoholizado, sucio y desprolijo. Me incomoda a mí y a mi papá. Se va. De vez en cuando nos enteramos de que tuvo un accidente y lo socorremos. Volvemos a nuestras vidas. Comienzo a trabajar desde mi casa. La vida se me torna monótona. No sé qué es. Estoy en paz, mi niño juega, pero me falta algo: no me encuentro. Hay algo que no termina de asentarse en el nuevo yo. Me separo y las estructuras caen: recaigo en las adicciones. *El Negro* vuelve, pero el niño, gracias al teatro, estaba fuerte, entonces *el Negro* y el niño coquetean: comienzo a hacer *stand up* en bares hasta la madrugada. En ese lapso me encuentro con mi hermano. Charlamos, tomamos algo y reafirmo que estaba tomado por *el Bicho*. Voy a su nueva casa que yo mismo le había comprado y veo que está en el mismo estado de la que habíamos vendido. No le digo nada. Fumamos un cigarro y me despido de él. Esa noche fue la última vez que *el Negro* lo vio. Esa noche *el Negro* se despidió de mi hermano mayor.

A la semana yo entraba de nuevo en mis cabales y sacaba las herramientas de la comunidad terapéutica del bolso y volvía a estructurar una vida sin consumir. Me pongo de novio y nos vamos a vivir juntos con mi pareja nueva. Vuelvo al teatro que había dejado de lado por las noches de comedia, vuelvo a hacer obras independientes, pero noto que me falta algo otra vez, otra vez ese vacío, pero ahora sé qué es: confianza. Confianza en *el Yo*, confianza en el niño, confianza en que puedo ser sin juzgamientos. En todos estos años después de mi internación, viví automáticamente y con miedo. Los viví con las herramientas aferradas en mis manos temeroso de que todo sea una mera ilusión. *El Bicho* seguía ahí molestándome, riendo al ver cómo no podía soltar las herramientas, sabiendo que esa guerra fría la estaba ganando, mirándome sobrador, mirándome altanero como aquella vez en los ojos de mi hermano al lado del ataúd de mi abuela.

Comienzo a conectarme con temas espirituales. Leo sobre el misticismo judío y católico. Astrología y ciencia. Trato de entender. Voy a una sesión de registros akáshicos, en donde los maestros espirituales te dan mensajes. Comienzo a conectar. Hay un mensaje que baja: mi propósito es sanar mi árbol genealógico, el arte y lo social. Me gusta lo que escucho, pero no sé qué hacer con ello. Lo anoto en algún cuaderno. Hay algo de todo esto que me llena. Por lo menos comienzo a cambiar mi visión de la vida.

—Tu hermano está mal.

Un amigo me contacta y me dice que mi hermano está durmiendo en la calle todo sucio. Lo voy a ver y me saluda como si nada le pasara. Pide limosna en los semáforos, se queda tomando vino y se duerme en el lugar que esté. Vamos con mi papá a hablarle, pero no hay caso. Averiguamos si lo podemos internar; pero si él no quiere, no se puede. Las leyes cambiaron. Dejo mi teléfono a los bares, kioscos y amigos de mi hermano para que me contacten ante cualquier cosa. Sigo con teatro, con la espiritualidad y con mi vida. Hago un curso de escritura teatral. Escribo una obra y decido que la voy a dirigir y estrenarla. Con la actuación, después de tantos años de entrenamiento, ya me sentía seguro, entraba en el juego y fluía sin ningún problema. Pero con la escritura pasaba algo distinto. Era algo que había salido de adentro de mí, era exponer mis pensamientos, mis universos, todo mi interior. Era el niño hablándole al mundo. La guerra fría con *el Bicho* en esos meses de ensayo fue desgastante, pero en algún lugar sabía que era importante ganarle esa pulseada. Sentía que, si ganaba esa batalla, mi niño podría ver la luz de un mundo sin bichos al final del túnel. Esta vez, *el Yo* venía con una sabiduría espiritual bajo el brazo que me ayudó a dejar las herramientas a un lado, aquellas herramientas que tanto me habían servido para volver a la sociedad, pero a las que al final me había apegado demasiado y me acorralaron en una pasividad absoluta. Y salí a pelear sin ellas. Estrené la obra de teatro. Mi niño se expresó sin filtros, sin *el Negro*, sin *el Yo*. Solo él. Esa noche dormí feliz. Esa noche *el Bicho* quedó tambaleando en la esquina del *ring*.

—Tu hermano está mal.

Nuevamente los mensajes me llegaban. Lo iba a ver y me quedaba en el auto observándolo, pedía limosna con la ropa sucia, la barba crecida y un temblor en todo su cuerpo. Bajo, le doy de comer, le tiro un par de pesos y me voy. Le digo a mi papá que hay que hacer algo urgente. Nos juntamos con una prima de mi mamá que tiene los mismos rasgos árabes que ella, le habla y algo en el interior de mi hermano cambia. Mi hermano resuena y acepta internarse. Lo internamos. Mi papá activa, paga la comunidad privada y va todos los domingos a visitarlo. Mientras, yo me pongo a arreglarle la casa, a limpiarla, a pintarla, a comprarle nuevos muebles. Se la dejamos habitable otra vez. Voy a visitarlo a la comunidad y veo que mi hermano está apagado. Mas allá de los ansiolíticos, sus ojos están apagados de cansancio. Pasó toda su vida luchando con su bicho hasta que este le ganó y tomó su cuerpo y lo destruyó. Su cuerpo y su mente. Pero después de mucho tiempo puedo hablar con él. Con mi hermano. Con aquel hermano que conocí en mi infancia. Le doy un libro, lo lee y a la siguiente visita lo comentamos juntos. Lo comentamos como dos niños, fascinados. Termina la visita. Me despido. Ese día fue la última vez que mi niño lo vio. Ese día mi niño se despidió de su hermano mayor.

Mi hermano sale de la internación y lo llevamos a su casa. Le compramos un celular para estar conectados. Me voy. A las semanas la red de protección que habíamos tejido se empieza a resquebrajar: vende su celular y nos enteramos de que vuelve a la misma situación de antes. Lo voy a ver y me dice que no me preocupe, que es la vida que quiere, que quiere morir así. ¿Quiere morir? Me voy preocupado. Sigo mi vida. Escribo otra obra, actúo, sigo leyendo sobre espiritualidad. De a poco me siento más confiado. Pero en mi conciencia esta mi hermano. No lo veo, pero está.

Pandemia. Nos encerramos en nuestras casas. Hago cursos de todo. Astrología. Kabbalah. Actuación frente a cámara. Acento neutro.

—Tu hermano desapareció.

Con mi papá salimos en el auto a buscarlo. Hacemos la denuncia y llamamos a todos los hospitales. Pasan dos días de angustia y búsqueda. Voy a ver las cámaras de la Policía de la Provincia de Buenos Aires. Hacemos un cartel con su foto y lo publicamos en todas las redes. Aparece en un hospital. Voy a verlo. Estaba todo meado y con los ojos bizcos por el daño neuronal. Había salido de su casa y se perdió mentalmente. Los que lo encontraron dijeron que estuvo dos días en una esquina sin saber quién era. Le dieron de comer hasta que se desmayó y llamaron a una ambulancia. Tenía que quedarse internado hasta que se rehabilite clínicamente. Me reconoce. Se quiere ir. Le digo que no puede, me pregunta donde está mamá y me quedo helado. No está en el presente, pregunta por mamá y por mi abuela, delira. Le diagnostican esquizofrenia. Salgo a buscar un hospital psiquiátrico. La burocracia es terrible. Me ahogo en papeles, pero sigo. En el hospital nos dicen que no puede estar solo, así que le consigo unas cuidadoras que se quedan con él a la noche. Sale de la guardia y lo pasan a una sala común. Mientras tramitamos una internación psiquiátrica, solo nos informan cómo evoluciona, no lo podemos ver, ya que no se puede entrar por la pandemia. Una mañana nos llaman del hospital. Mi hermano falleció de un paro cardiaco.

Mi hermano murió pensando que mamá estaba viva. Porque en su mente, en esa mente destruida por su bicho, por las drogas y por el alcohol, el último refugio seguro y conocido fue cuando mi mamá estaba viva. A partir de ahí *el Bicho* le ganó. Entonces volvió a esa época. Volvió a su lugar seguro. Él, al igual que mi abuela, tampoco pudo reponerse de esa pérdida. Lo velamos en pandemia. Vienen los amigos de la secundaria. Vienen a despedir a "el Bola", como le decían. Un amigo de la calle se acerca a la puerta todo sucio, me dice que no quiere entrar, pero me da una foto para que se la dé a él. Era una foto vieja, en ella estaba mi hermano con unos amigos en una playa. Estaba bien. Los ojos libres de entidades extrañas, fresco. Ahí me di cuenta del daño que se había hecho. Le apoyo la foto en su pecho. Mi papá llora desgarrado. Le pide perdón por fallarle. Me acerco, toco la mano de mi hermano y me despido. Esa noche fue la última vez que *el Yo* lo vio. Esa noche me despedí de mi hermano. Esa noche me despedí de mi hermano mayor.

Sanación

"Identificarte con el ego y los pensamientos que este genera es una muy mala idea. Porque el ego se construye muy a tu pesar, no te pertenece. Se ha conformado desde la infancia, como un receptor pasivo y acumulativo. Desde las frases utilizadas por tus padres, la interpretación que le daba tu mente y las expresiones de tu entorno más cercano. Eres lo que piensas cuando comprendes que gran parte de lo que creemos de nosotros mismos es una formación arbitraria".

Pasan dos meses y es el primer cumpleaños de mi hermano sin su presencia. Siento una sensación rara porque en el último tiempo de su vida yo ya no lo veía, podía pasar semanas sin verlo, pero, cuando me acordaba de él, sabía que estaba, en la calle, en alguna esquina pidiendo limosna o en su casa, pero sabía que estaba. Hoy lo recuerdo y sé que no está. Pero hay algo que difiere de mis otras muertes, esta la transito de otra manera. No sé si es porque estoy más grande, porque entiendo la vida de otra forma o porque estoy más espiritual, pero es distinta.

Voy a una terapia alternativa buscando aquel primer trauma que dio origen *a el Bicho*. Aquel recuerdo oculto en el fondo de mi subconsciente que plagó mi vida de inseguridad y de muchas malas decisiones. Voy a tratar de resucitar a aquel niño crucificado. Cierro los ojos, me relajo, busco en los recovecos de mi mente, pero no logro encontrar al embrión de *el Bicho*; sin embargo, puedo traspasar la barrera de recuerdos y voy uno más atrás de *la crucifixión*, un recuerdo enterrado en el fondo de mi cerebro: mi hermano estaba en la cama con las rodillas flexionadas y sus brazos sobre ellas, lloraba porque papá y mamá lo estaban retando. Yo, con cinco años, hacía payasadas disfrazado. Ahí, acostado en la terapia y recordando, comienzo a llorar. Lloro de angustia. Veo a mi niño de cinco, desesperado por llamar la atención, por tratar de evadir y ocultar un problema que estaba sucediendo, tratando de escapar de esa realidad incómoda, tratando de escapar de un bicho. Lo veo triste. Lloro. El recuerdo sigue, mi hermano, entre sus lágrimas, desvió la mirada hacia mí y se rio. "¡Me miró y se rio!". Y ahí entendí todo. Ese niño que miró mi hermano no estaba angustiado. Ese niño no estaba escapando de nada. Ese niño estaba en su estado más puro siendo niño. Toda la carga de angustia y de estados emocionales se los estaba dando yo en ese ahora acostado en el sillón de la terapia y en los cuarenta años de mi lucha contra *el Bicho*. Sobrecargué a ese niño de una emocionalidad falsa. Desde una perspectiva caótica. Y fui armando en el subconsciente un niño lleno de miedo. "Me miró, se rio y lo entendí". Ese niño era feliz. Una mirada de mi hermano me sacó el velo y lo vi. Porque mi hermano siempre creyó en mí. Mi hermano me miraba sin bichos de por medio. Miraba mi ser puro. Esa mirada me salvó. Esa mirada me sanó. Esa mirada me hizo reencontrarme con ese niño. Me hizo ver que ese niño es el que siempre fui. Porque el trauma que dio origen a *el Bicho* pudo ser real o no, pudo ser un rasgo genético, o una sensación de abandono y rechazo generado por una subjetividad temerosa, o una serie de eventos desafortunados, como un portazo, una mala lactancia o cualquier otra cosa que haya hecho mella en mi identidad, pero lo que creó y le dio forma a *el Bicho* como tal fue una construcción de mi mente. Los bichos son meras construcciones de la mente, es la suma de todos tus miedos conglomerados en una identidad falsa que enjuicia y condiciona. *El Bicho* es tu mente llena de vivencias mal comprendidas creando un mecanismo subconsciente que determina las reacciones y acciones de tu ser. No tengo los suficientes conocimientos para decir por qué *el Bicho* les hace más daño a unas personas que a otras. Algunas solo sufren una simple molestia, y otras un fuerte padecimiento o incluso la muerte. Pero lo que sí puedo asegurar es que si sacas a la mente y a sus pensamientos de la ecuación, queda el ser auténtico. No somos la voz de nuestros pensamientos, sino la presencia que los escucha, y esa presencia, libre de condicionamientos, se expresa en todo su esplendor en el ser primigenio: *el Niño*.

Albert Einstein decía que el tiempo es una ilusión, que el pasado, el presente y el futuro suceden al mismo tiempo. Así que afirmo que ese día del año 1982 en el departamento de Castelli al 2006 del barrio de Ciudadela, Buenos Aires, cuando mi hermano lloraba, me miró y se rio, me salvó a mí, acá, en el año 2021. Una mirada suya bastó para que yo sea hoy lo que soy, lo que fui y lo que seré.

Comienzo un taller de escritura y escribo esto. Sano a mi árbol genealógico. Sano a mi niño interior. Sano mi yo. Ahora quiero compartir con todo el mundo lo aprendido: que la sanación real viene de rescatar a ese niño. Quiero mirarlos como mi hermano me miró a mí y decirles que es posible. Que confío en ellos. Que dejen caer todas las corazas impuestas por los traumas y la sociedad, que busquen en su interior su ser más puro, la esencia del alma, que se encuentren nuevamente con ese niño, ahí está la clave. Porque bichos hay muchos, creados por uno mismo, impuestos por la familia o por la sociedad, fosilizándose eternamente en mascaras sociales, pero niño hay uno solo, y ese niño es quien realmente son. Hay que buscarlo dentro de uno, porque ese niño no está en el pasado, ese niño vive por siempre dentro de vos, vive por siempre en el ahora, tratando de salir a jugar.

El único que puede matar a *el Bicho* es ese niño, el niño interior. Hay que sanarlo. Hay que dejarlo ser. Hay que jugar con él. Hay que tomarlo de la mano y enseñarle que no tiene nada que temer.

La resurrección

El inicio de este recuerdo comienza conmigo sentado en un aula abriendo y cerrando las piernas y mi mano apretando el prepucio de mi pequeño pene. Estoy en primer grado. Colegio de monjas. Uniforme. Pantalón gris. Me hago pis encima. Veo que el chico que está a mi lado me mira y corre a hablarle al oído a la maestra. Agradezco que no se haya parado y me haya señalado para que todos sus compañeros se rieran y así ganarse unos puntos de popularidad. La maestra me lleva a ver a una monja, quien, amorosamente, me consigue un uniforme seco. Agradezco que no haya llamado a mis padres y así sacarse el problema de encima. Me hace cambiar de ropa, una ropa seca, una sensación de alivio conocida. Al final del día, la monja me consigue una bolsa para poner el pantalón mojado y le escribe una nota a mi mamá con lo sucedido. Estoy en la fila saludando a la bandera, todos cantan, todos están contentos porque se vuelven a sus casas, nadie me mira, nadie se ríe. Mi mamá lava el pantalón meado y consigue otra bolsa para devolver el que me prestó la monja.

El inicio de este recuerdo es el inicio de todos mis recuerdos. Podría decirse entonces que así comenzó mi vida: con una cadena de amor y ternura.

El tiempo es una ilusión.

Sanando un recuerdo sanas el ahora.

Sanando a tu niño, sanas tu yo.

El Bicho no existe, tu niño sí.